明公啟示錄

范明公精英教養學
（四）

——從 3 歲至 18 歲青少年的心理特徵與教育訣竅

作者／范明公

【目錄】

【目錄】

【目錄】

08

第一章
從 3 歲起父母應透過家規來培養自律

3 歲小娃開始邁入人生的第一個叛逆期。

但,孩子在這階段的心智成長特徵,

除了叛逆以外,更正面的意義是自我意識的萌芽。

古人掌握孩子成長的特性,在 3 歲開始施展各方面的家教,

培養出有禮、知進退、敬老扶幼,

懂得拿捏人際分寸的準社會人。

2～3歲為兒童的自我意識萌芽期

　　講到兒童的自我意識萌芽期，大約從兩歲半、3歲左右到7歲這個期間，有幾個特點：第一個，自律性。因此為了培養他的自律性，開始進行家教。第二個是大腦功能發育方面，著重前頂的額葉皮質區開始發育，因此父母應該怎麼配合孩子的發育，做相應的強化訓練。最明顯的半依戀期結束會出現的標誌性行為，就是孩子開始對媽媽說：「不」。

　　基本上來講，哺乳期在9個月左右結束，半依戀期大概是在兩歲半到3歲左右結束。有的孩子可能就是兩歲左右，有的孩子稍微晚一點，在3歲左右半依戀期才結束，正常都是兩歲半左右。

　　每個階段的時間長短，並非每個孩子都是按一個標準來的。比如說哺乳期在9個月左右結束，有的孩子可能7、8個月就斷奶了，也許有的孩子可能到1歲左右才結束。

　　關鍵不是要看時間，而是要看他有沒有出現標誌性行為，代表孩子的發育已經到了那個階段。哺乳期要逐漸結束餵奶了，孩子在爬的過程中扔東西……，這都是標誌性的行為。當這些行為開始出

現的時候，要考慮給孩子逐漸增加固體食物，慢慢地給他斷奶。

孩子在兩歲半3歲左右的時候已經可以直立行走了，語言溝通也沒有問題，這個時候就發現孩子會對媽媽說「不」。他會開始推媽媽，不要媽媽了。而且，孩子會什麼事情都想自己去做，不再讓媽媽幫他。

孩子在這個階段之前，幾乎一切行為都是在媽媽幫助之下慢慢來做的。即使孩子已經從爬行、站立再到行走，逐漸有能力可以自行去接觸、去看或去聽外部世界了，但是他仍離不開媽媽。

半依戀期結束，就進入了自我意識萌芽期。這個時候的孩子開始有自我意識了。其實，自我意識的意思就是他開始要獨立。孩子通過之前已經發展的語言、對身體的接觸，通過爬行、直立、行走等肢體運用，他已經開始探知外面的世界了，也已經

父母教養便利貼：

孩子在半依戀期結束，就進入了自我意識萌芽期，已經開始探知外面的世界了也已經理解到自己跟媽媽不是一個整體，而是一個獨立的個體。

理解到自己跟媽媽不是一個整體，而是一個獨立的個體。

第一與第二叛逆期是孩子獨立的開端

基本上來講，孩子在這個時候已經知道「我」的存在，什麼都是我，這就叫做「自我意識」。但是，這個時候的自我意識還不成熟，還只是在萌芽階段，俗稱「第一叛逆期」。

但是，若從劃分兒童心理發育的階段來講，會稱這個階段是「第二叛逆期」。因為，在哺乳期結束之後會有一個階段，孩子會脫離母體，會想辦法向外掙脫、向外走、向外爬，媽媽基本上不會有太大感覺，那才是認定的「第一叛逆期」。第二個叛逆期在兩歲半到3歲左右，這時孩子的表現才真正具有叛逆的意義。

這個時候的孩子有自我的意識，也有自由的意志。他對媽媽說「不」，代表自己要獨立，甚至他推媽媽，什麼都不要媽媽，表現出來一副好像「很討厭」、「很反感」的架勢。很多媽媽在這個時候都會心情不好：「孩子他怎麼不要我了？」「以前孩子都依賴我，現在好像開始不要我了，開始討厭

我了。」媽媽的權威受到挑戰，心情很不好，很多媽媽都是這樣的。

在這個階段很容易就會出現媽媽和孩子之間的衝突。但是，做媽媽的你要清楚，孩子到了這個階段，其實就是說明了他已經開始要獨立了，這是孩子的心理發展過程中非常重要的一個階段。在這個階段，父母一定要好好地支持孩子、配合孩子，讓他能夠順利地健康成長。

大腦急速發育，奠定心理發展的條件

當孩子2歲半、3歲的時候，大腦正處於急遽擴張，急遽增加重量的過程。先前曾提過，新生兒的大腦就有390克左右；到了3歲左右，這時候大腦正處於充分發育的階段，重量已增長到接近1000克的程度了。成年人的大腦重量大概就在1400克左右。猩猩跟人類有高達百分之九十幾的相似度，成年大猩猩的大腦大概就只有300多克而已，還不到390克。

父母教養便利貼：

不可否認的，無論是牛乳或奶粉，對哺育寶寶也有其便利性、營養，但如果能進行母乳餵養，父母還是儘量採用自然的母乳哺育。

智力、能力複雜度，認識世界的意識，智慧化的程度，其實是由大腦的容量和重量決定的。猩猩由於大腦的重量與容積都比人類小了許多，所以，猩猩的智力跟人類相比，也就相當於1、2歲或2、3歲兒童的智力。

　　人和猩猩的大腦重量之所以有如此明顯的差異，主要是因為人類大腦多了一個名為「額葉皮質區」的區域。人類的大腦，光是額葉皮質區就占了很大一部分。

　　額葉皮質區裡的前額葉負責解讀、判斷、行為、決策的功能。愈是需要理解他人的態度，情緒和行為等思維能力的時候，前額葉就愈顯重要。前額葉還有一個非常重要的作用，就是反映意志。

　　在成長過程中，人和動物最大的區別在於，動物都會爬行，但它只停留在爬行這個階段。反觀人類，不僅會爬行，還會站立、行走；在站立和行走的過程就解放了雙手。小孩會向外扔東西，動物就做不出這個動作。動物只有爪，無法拿東西，也不會想拿，因為爪子只負責爬行與攀爬。於是人類從兩歲半、3歲左右開始，和動物就開始有了本質的區別。

人之所以是人，是因為人能解讀、能分析，人有自我的意識，能夠判斷、做決策、學會取捨。非常重要的是，人有理智。動物就是感性的，動物就是本能，動物沒有理智，動物是沒有意識行為的；他只有恐懼，只有開心，它只有最本能的、原始的一些情緒或行為，這是不可能做出一個很複雜的分析，判斷與決策。

比如說人腦的額葉皮質區（簡稱為「額葉」），負責工作、記憶、計畫、決策、反應、意志等高級的認知功能，這就是人類和動物不同的地方。

孩子長大成人以後，在工作中能不能有成就？很大一部分取決於這個人是否有計畫、能否自律、能否堅韌不拔、能否更有理性？分析、推理和決策的能力到底怎麼樣？這些方面有很大程度決定了人在現代社會中是否很容易取得成功。

這些能力，其實都取決自額葉皮質區的發育是

父母教養便利貼：

孩子從兩歲半、3歲左右開始，如果前額葉這時候發育得好，就決定了以後這孩子能夠自律、意志堅強、理智、人格穩定。

否完備、成熟。前額葉什麼時候開始發育？從兩歲半、3歲左右開始，當人有了自主的意志，前額葉才開始發育。當孩子開始對媽媽說不、在推開媽媽說不要媽媽的時候，做父母的一定要注意，孩子現在已經要開始發展他的自我意識了，這階段應該要用心地培養孩子，強化他的前額葉的發育。

可以說，如果前額葉這時候發育得好，就決定了以後這孩子能夠自律、意志堅強、理智、人格穩定。從腦結構，也就是身體結構或稱之為硬體的方面來看，當孩子發展到這個階段的時候要來強化他這些方面。

3歲左右透過家庭教育來培養自律性

這個階段的孩子，心理發展過程進入尋求自我的啟動期，稱為「尋求自我為獨立」，所以這階段也就是「獨立的啟動期」。這時候要注意了，孩子不管是生理，還是心理都已經進入適應社會的啟蒙基礎；所以，父母這個時候對孩子的教養策略就一定和前面的兩個策略不同。

在先前的哺乳期，母親要對孩子積極關注、無縫陪伴、即時滿足，隨時都跟孩子在一起。現在到了培養孩子自由意志的階段，則是要讓他學會獨

立。這時候，當父母的要做到下面幾點：

一、培養、強化孩子的自律性，這點很重要。

二、現階段「不要」即時滿足孩子，在這個階段要採取「延遲滿足」的策略。

三、孩子要有獨立空間。跟父母分房分床，以培養孩子的獨立性。

要知道，行為主義的育兒方法也強調獨立。但，它的獨立是怎樣培養的呢？孩子一出生就讓他獨立。出生1個月、2個月之後，回到自家直接就睡在小床，媽媽不抱孩子了，晚上也不一起睡。行為主義從那時候就開始訓練孩子獨立，即使孩子哭了也不抱，因為不可以獎勵哭的行為……，這些都與我們所推行的精英教養相反。

我們並非不注重孩子的獨立性，而是講究的是身體自然。父母要先徹底瞭解孩子的身心發展與他在每個階段的需求，順應他的發展規律來採取不同的教養方式。到了孩子開始要獨立的階段，就得讓他獨立，就不再讓他依賴了，因為這時候給予依賴會害了孩子。如果放任孩子繼續依賴父母，那就不是順應孩子的發展規律了。

在這個階段，該從哪幾個方面來培養孩子的自律性呢？第一個就是家教。

何謂家教？家教是社會的基本規範，人倫、道德、綱常、禮儀，就是從這個時候在家裡面建立出來的。

古人特別強調家教。比如，這時候的小男孩就得學會尊敬爸爸，不管他爸爸是從事什麼行業，孩子從3歲開始就要建立長幼尊卑、等級的概念。兄弟姐妹之間要有人倫順序：「長兄如父，長姐如母。」弟弟妹妹得按照這個順序來，不僅要尊敬父母，還得尊敬姐，敬有禮。兄姐則要對弟弟妹妹要有讓，有禮有讓，是指小的對大的要有禮，大的對小的要有讓，這就是中華民族的傳統，就是中國的綱常、倫理、道德、禮規，也是我們的光榮傳統。

中國古代很早就以家庭教育為孩子啟蒙

中國古代在夏商周的時候就有家庭教育了。比如《周禮》和《禮記》都有記載對孩子的家庭教育。

除了長幼有分，在3歲的這個時候，也開始教導孩子何謂男女有別。

古人很重視男女區別，並且讓3歲孩子從日常

行為、言行舉止等開始培養這方面的意識。比如，大人會告訴男孩：「你要知道你是男人。你要擔起責任，你得像個男孩的樣子，也得像個男人的樣子了。」怎麼做才能像男人的樣子？男孩舞刀、舞槍、舞劍、在室外打打殺殺，在遊戲中爭、搶、鬥。女孩則在家裡安安靜靜地做手工。

古人從孩子3歲左右開始教導他一些家庭規矩。比如，一早要到父母房間要去問早安，要行基本的禮節。見到長輩們一定要主動打招呼。如果跟長輩要正面地走到一起，就要側過身向長輩問好，請長輩先過。

俗話說「坐有坐相，站有站相，睡有睡相。」「食不言，寢不語。」這些也是家教。吃飯時不可以說話，不可以。古人代代這樣要求子孫吃飯無聲，不可說話，咀嚼時不能發出動靜，也不可以把筷子、碗盤敲的叮噹響。關於吃飯的規矩還包括

父母教養便利貼：

兩歲半、3歲的孩子開始出現自我意識萌芽的行為，父母會從大小便等日常行為開始逐漸地幫孩子建立一些規則，這叫做「家教」。

了筷子不可以直接插在飯上面……，這些都屬於家規、家教。當家族一起用餐時，長輩也會規誡小孩子：「大人吃飯時不可以上大人的飯桌！」長輩還沒動筷子，小孩是不可以先吃的，因為要把好的東西、好吃的東西先給長輩享用，小孩都是最後才吃的，這就叫「家教」。

其實，自律就是從這個時候的家規家教開始培養的——說話時不能粗聲大氣。女孩要柔聲細語，男孩打招呼的聲音要宏亮，男孩要保護妹妹、保護姐姐……等等，從小在家就開始培養男孩女孩對家人的保護欲及關懷態度。

這個時候，爸爸也開始在子女的教養擔任要角，因為孩子這時候對媽媽是排斥的。尤其男孩，對媽媽更是會表現出各種明顯的排斥行為：反感、推搡、不要……。但這個時候男孩會親近爸爸，覺得爸爸能給他依靠、給他力量。這個時候的小男孩很需要力量。所以，當男孩子到了3歲，爸爸就得帶他出去，到戶外冒險，自由地衝刺、自由地闖蕩。爸爸則在旁邊觀察，隨時給孩子護持與鼓勵。

女孩在家裡，由外婆、奶奶、保姆或媽媽這些女性長輩帶著她在家裡做家事、慢慢培養對女紅的

興趣。女性長輩也會教導女孩關於行走坐臥等日常禮儀。比如，女孩要怎麼睡覺、怎麼吃飯、怎麼走路、怎麼站、怎麼坐，見到長輩該怎麼打招呼，要怎麼稱呼對方、行什麼樣的禮節？都有一套規矩。為什麼古人講究女孩要有大家閨秀的樣子？大家閨秀從小在大家庭或書香門第接受各方面的訓練，長大後性格就很穩定、溫婉賢淑，表現出來的舉止就是克制、容忍、忍讓、堅韌與理性。小家碧玉則讓人感覺就是爽朗、無拘無束。從另一個角度來講，現實中有些人控制不住自己的脾氣，言行衝動、不理性或沒有規矩，一般人都會說他沒家教。

古人很重視言行舉止，要求女孩走路時要莊重，不能扭腰擺臀，站則要直直地站著，不可以倚在門邊。男孩則必須要「坐有坐相，站有站相」，「坐如鐘，站如松，臥如弓」……這些儀態的細節都是在3歲的時候就開始教的。

古人從孩童3歲的時候就開始訓練家規、家教與自律性，這點非常地重要。因為孩子在3歲左右的時候，大腦的額葉皮質區剛好正在高度發育的階段；所以，這時候家裡怎麼教育、怎麼教化，就會深深印在孩子的心裡。

自律性的訓練，影響孩子長大以後是不是能夠變成紳士或淑女。因為，像是情緒穩定，人格穩定，理解力強、解讀能力強，分析能力強，判斷能力強，決策能力強，自律能力強，堅忍的能力強。這些非常重要的能力或特質，都是在這個時候開始訓練的。

　　在家裡訓練好人倫、道德、綱常、禮儀等社會的基本規範，出了社會才不會僭越、違背基本的禮規。在家能守住家規，出去以後才不會犯國法。

為何要在 3 歲開始訓練孩子的家教？

　　中華傳統文化在這方面的教育從兩歲半到3歲左右的時候就開始進行，而且，這種教育方式早在夏商周的時候，古人就已經這樣教育下一代了。

　　反觀西方，從古至今對3歲孩子進行什麼樣的教育，哪有資料可找？西方哲人的思想加起來，只能說是個隻言片語，在這方面的教育根本就不成體系。中華民族從夏商周的時候就已經有了一整套的體系來教育孩子。中華的育兒之道和西方相比也是有天壤之別。這一套精英育兒的教育方法是有史料記載的，不是編出來的。《禮記》、《周禮》、《尚書》裡面都有一整套的教育教化之道。而且，這

整套東西並不是碎片，也不是某一個人寫的或只在某一本書有這樣的叫法，而是整個社會都是這樣。當然了，這裡指的整個社會是指是精英階層，也就是貴族階層。

貴族階層（精英階層）代表的是整個社會的發展方向。平民、庶民沒有資格引導社會，他接受教育或接受知識只能學些生存手段。這就是當時的社會！劃分不同階級且各有分工。菁英階層就是貴族階層，是最具代表性，擁有最先進的生產力，且知識最先進的一個社會階層。

現在的中國育兒教育，和夏商周時候的古人完全沒法比！現在的中國根本就沒有家教可言。不要說是3歲、4歲、5歲、7歲的幼童教育了，根本就沒有家教的概念！現在的父母都不知道該怎麼教孩子的行為規範，因為我們從小就沒受過這樣的教育。中華民族這一、兩百年被外族入侵之後，內部就開

父母教養便利貼：

為孩子在3歲左右的時候，大腦的額葉皮質區剛好正在高度發育的階段；所以，這時候家裡怎麼教育、怎麼教化，就會深深印在孩子的心裡。

始把自己被動挨打的原因歸結到傳統文化。所以，自從民國初年的五四運動以後，這100年來的風潮就是打倒一切古老、傳統的東西。家教在中華傳統文化占了非常重要的角色，因此也被徹底打倒了。

什麼叫做「家教」？現在的父母整天就在攀比。孩子3歲的時候，就開始比數學，語文這些東西。「誰的唐詩背得好？」「誰家的孩子已經會1+1=2了？」「誰舞跳得好？」「誰的鋼琴彈得好？」有幾個家庭重視家規家教這一塊的？恐怕知道的人不多，甚至完全不知道的人大有所在。這是多大的悲哀！

要知道，孩子在這個階段，根本不是背唐詩的時候，也不是學數學的時候，更不是學跳舞、彈琴的時候……，你那麼早就在這個階段讓孩子進行這方面的強化訓練，就像前面講的，完全違背了孩子的硬體、軟體、身體、生理以及心理的發展規律，對孩子只有傷害沒有好處！

瞭解了孩子的整個身心的發展方向、發展階段與發展規律，我們就知道這個階段應該要強化孩子哪方面的教育，如何培養出自律性。

言傳身教的教養效果最好

3歲正好是大腦前額葉在發育的時候，這個時候如果不去培養孩子的自律性，孩子長大以後就會特別地散漫、邋遢，特別地沒規矩：站沒站相、坐沒坐相，跟別人說話，見到長輩也沒有一個尊重的樣子，吊兒郎當、流裡流氣……。如果你的孩子到了青春期以後變成上述模樣，請父母回想自己在孩子3歲剛開始獨立的時候是怎麼進行家教的？

如果這時候父母完全放鬆，什麼都不訓練，孩子就會經常大聲喧嘩，見到長輩也不知道打招呼，對自己父母沒大沒小。平時，四仰八叉往那一坐，歪斜地往那一站，往邊上一蹲……，站沒站相，坐沒坐相，睡沒睡相。這就是在孩子3歲左右的時候，父母沒有順著這個階段的發展特性來用心培養這方面的家教。試問，你讓孩子在剛學會說話的時候就讓他背唐詩，就算唐詩300首全背了下來又有何用？孩子的大腦還沒發展到適合學唐詩的階段，你硬讓他去背，對孩子來講一定是傷害。這麼小就學數學，有什麼用？前面已經提過了，3歲孩子這時候發展的是前額葉，所以，這時候要進行的就是家規家教的訓練。

　　所謂的訓練，一個是言教，一個是身教。俗話說「言傳身教」，在進行家教時，既要給孩子講理：「你應該怎麼做……」做父母的自己也要做到這個理。以坐姿與站姿的訓練來說，當父母的自己坐有坐相、站有站相，孩子在旁邊看到了也會模仿。父母不能嘴裡教孩子怎麼做，自己卻不去做。比如，父母要求孩子在吃飯的時候不許喧嘩，大人在吃飯的時候自己也要安靜，不可以講話。

　　當大人在談事情的時候，可以讓孩子到一旁自己去玩，大人可以要求孩子要安靜。當然，這個時候玩的玩具就要男女分開，不能讓男孩玩小洋娃娃、玩小手工，弄個小裙子！古人在3歲的時候，對男女就已經有別了，男孩玩男孩的這個東西他本來也願意，但你不要給他強化引導，男孩整個小裙子，整個小布娃娃，以後不就成娘娘腔了嗎？

父母教養便利貼：

家規家教就是在從兩歲半到3歲左右的時候就開始進行訓練，以強化孩子去遵守社會規範的最佳階段！因為教導的內容會烙印在孩子的生理與心理。

為什麼現在有這麼多娘娘腔、這麼多男人婆？你看，很多小女孩長大以後一個個都跟男子漢似的。這跟她小時候被教養的方式很有關係。如果父母什麼都不管，女孩跟男孩在外頭打打殺殺。甚至，小女孩上小幼稚園當小團體裡面的頭頭了，整天領著男孩們打打殺殺……，如果一發現這種情況，家裡馬上就得有意地去引導。因為孩子不知道好壞，孩子覺得這樣挺好的，所以得靠父母有意地引導。

　　兒童教育在夏商周的時候就已經有了男女之別：「男女授受不親」「男主外女主內」。比如，孩子長到7歲的時候，男孩女孩就不能待在同一張床上，以避免身體上的接觸。3歲的時候就開始灌輸「男女有別」的觀念。男孩就要像個男孩子去擔起責任。平時盡量玩你的刀槍、斧鉞鉤叉，多多出門去跟同年齡的男孩子打打殺殺，蹦蹦跳跳，喊叫喧鬧，這是男孩。但，男孩一回到家就要對長輩畢恭畢敬，要有禮。見父親一定守規矩，一定要知敬，見到母親要愛。女孩在家裡則慢慢接受關於婦道的教養，也開始學習做女工，一點點地往這個方向去發展。

　　3歲左右就是人格、性格開始形成的時候。在這個時候打什麼底，後面就會長成什麼樣。現在不僅是中國，全世界都沒有這個概念，不知道應該訓練3歲左右的孩子什麼。

　　雖然歐洲一些貴族世家訓練出來的孩子特別地紳士，懂得的規矩可多了。但是歐洲又有歐洲的問題，貴族家庭很壓抑。中華民族的祖先，對孩子的教育方針很明確同時又不壓抑。在什麼階段該怎麼教化、教育，各項細節都清清楚楚。但是，教導孩童的家規家教也並非一直都是這些內容，而是分階段的。什麼階段該學什麼，什麼階段該做什麼，都非常明確。

　　為什麼中華文明從夏商周一直到後面，每代都有英才出，就是因為精英教育相當到位。為什麼中華文明及文化能夠生生不息、延續了幾千年？因為我們的信仰、對宇宙的整個認知、對宇宙規律的把

父母教養便利貼：

俗話說「言傳身教」，在進行家教時，既要給孩子講理：「你應該怎麼做……」之時，做父母的自己也要做到這個理。

握……，一直到育兒教化，都是相當成功的，這點是西方文明無法比擬的。

當中華文化正值輝煌之際，西方世界還是一片黑暗。中世紀（西元5世紀到15世紀）結束之前，西方文明一片黑暗。那個時候若有人造衛星，在黑夜往下看一下，就會發現整個地球只有在中國這一帶夜間有亮光，其他地方全是一片黑暗。離現在不遠，也就是距今六、七百年的15世紀都是那樣。

因此東西方是在近200年左右開始出現差距。在這之前，中華文明，中華各個領域成就都遠超過西方，也包括了現在正在講的育兒學。

30

第二章
在 3 歲時透過延遲滿足來培養自制

兩歲半到 3 歲的孩子進入自我意識的萌芽期，
此時也是大腦快速發育的階段。
為人父母的掌握孩子的生理發育特性，
透過家庭教育與延遲滿足的教養要訣，
強化對前額葉這一區大腦皮質的發展，
進而協助孩子養成自律性與自制力，
為美好人生打下基礎能力。

強化孩子大腦額葉皮質區的訓練

古人強調，孩子過了3歲以後要讓他去感知這個世界，強化他的判斷力、解讀力與適應力。看看經典，就會訝異古代怎會有那麼多的精英？三國、兩晉、南北朝、漢唐都是如此。那些精英才18、19，甚至20來歲，甚至只有13、14歲就開始做大事了。他們那種敏銳的觀察力、判斷力、決策力與冒險犯難的精神，是現在同齡人完全無法比擬的。

為什麼現在的年輕人比不了古人？要知道，現在的年輕人不是被媽媽呵護太過，就是被媽媽漠視、毫不在乎，媽媽什麼都不管。現在，兩極化的媽媽太多了，使得整個民族、整個國家都不知道應該怎麼去帶孩子。現在，中國已經沒有精英階層了。為什麼？因為早已丟掉教化之道。中國人在四、五千年前夏商周的時候，非常重視對下一代的教化，現在卻沒了。這是歷史的大退步！

一個民族想要發展、復興，就要重視對孩子的培養、對精英的教化。整個民族得先訓練出一批精英，才能帶大家向前發展，我們應該挖掘老祖宗在育兒這方面的精髓，將這套東西用在孩子的教化，培養出一代精英，中華民族就有希望了。

現在，中國的孩子沒有家規、沒有家教、沒有禮節、沒有等級、沒有秩序，長大之後到了社會上就不守法、不守規矩。

在孩子3歲之際就要培養家規、家教，這件事為什麼如此重要？守法守規，這叫「理性」。你知道該做什麼，知道不該做什麼；當知道某件事不該做的時候能控制自己不去做，這叫克制。要想守法、守規，硬體得要發育健全才行。有了健全的硬體，面臨誘惑的時候才能克制自己不犯法。

什麼是硬體？硬體指的就是大腦的皮質區。

兩歲半到3歲正是額葉皮質區在發育的時候，父母這時是否對孩子進行正確的疏導和強化，將影響孩子一生的人品與性格。上一章提到的自律性的訓練，在這個階段非常重要。第二個要注意的則是延遲滿足。父母怎麼強化孩子大腦額葉皮質區的訓練？父母該用什麼方式來訓練孩子這方面的發育？就透過「延遲滿足」這個方式來訓練孩子。哺乳期的教養原則，強調的是即時滿足：孩子有什麼需求，父母馬上滿足他。但是，現在到了額葉皮質區在發育的階段，就不可以即時滿足了，而是要做到延遲滿足。

用延遲滿足，讓 3 歲小娃學會自我控制

什麼叫做「延遲滿足」？簡言之，當孩子需要什麼的時候，大人不要立刻就滿足他——除非像孩子餓了這種需要關愛、關照、關注的時候，就不可以延遲。

什麼情況需要即時滿足、不可延遲滿足的？比如孩子冷了，需要加件衣服，這時父母還延遲滿足嗎？不可以。這階段，父母要即時滿足孩子在生存方面的基本需求，包括吃喝拉撒睡，還有最基本的關注和關愛。

必須即時滿足孩子對於來自父母的關注與關愛的需求。但是，父母也要搞清楚：愛是一種情感，表現出來的方式就是你的眼神、表情，以及發自內心的動作。但是，愛孩子並非代表你就得去滿足孩子的一切需求。

必須知道，愛又可分成精神世界的愛與物質世界的愛。要即時滿足孩子的是在精神層面的愛，父母要讓孩子時時刻刻能感受到家人對他的愛、對他的關注，這是非常重要的。

物質方面的需求，可分成生存的基本需求和延伸出去的需求。父母要即時滿足孩子吃喝拉撒睡等

生存的基本需求，至於延伸出去的需求，就要做到延遲滿足了。

什麼叫做「延伸出去的需求」？最典型的例子就是玩具。這年紀的孩子開始有了自我意識，他會喜歡或不喜歡某些東西。比如，他在這個階段會很喜歡玩玩具，玩具是孩子與世界互動的一個媒介，孩子透過玩具來模仿情景、實現他心中的想像，這個過程很重要。但是，父母在這時候要「延遲滿足」孩子對玩具的物質需求。3歲左右的孩子常會因為喜歡某種玩具就要立刻擁有，也不管自己已經擁有多少個類似的玩具了。比如，孩子喜歡樂高，就沒完沒了地買；喜歡玩具槍，看見這把要買，看到那把也要買……。這時，當父母的就要注意了，必須要有意識地延遲滿足孩子在這方面的欲望。

當孩子很喜歡某把玩具槍的時候，媽媽先考慮是否要讓孩子可以獲得這把槍。如果可以，別馬上就答應買下來，必須刻意訓練孩子學會延遲滿足。媽媽可以跟孩子這樣說：「好，明天中午買給你。等明天中午你從幼稚園放學了，我們就來買。」孩子通常會問：「為什麼不能現在買？」甚至直接吵著「我現在就要！」如果媽媽回答：「沒有為什麼，明天中午才能給你買。」孩子這時候絕對不肯

聽話，絕對會吵會鬧，用盡各種方法來磨媽媽。

　　媽媽在訓練孩子學會延遲滿足的過程裡要做到溫和而堅定，這點非常重要！千萬不要用暴力去制止孩子，媽媽也要保持堅定。大人要清楚自己正在幹什麼：這是在訓練孩子！你知道，只有在延遲滿足的狀態下，孩子才能學會自我控制、學會抑制欲望。

在教孩子延遲滿足的過程中要溫和而堅定

　　在訓練孩子學習延遲滿足的過程中，孩子通常會表現出幾種行為模式。第一種就是：孩子沒被立即滿足就開始鬧，用各種方法磨大人。

　　針對這種情況，做父母的一定要明白：孩子有這種表現是很正常的。他這時又磨又鬧且難以溝通，只因為他的大腦額葉皮質區現在還沒發展成熟，所以會讓原始本能主導，只要他一有願望（欲望）就得立刻實現（滿足），否則就會很痛苦。

　　父母第二個要知道的是，大人不能輕易就立即實現孩子的願望。因為，這時候孩子正在發育額葉皮質區，他需要學會延遲滿足的練習。所以，當孩子因為欲望不能獲得滿足而使出各種花招時，要讓

自我控制能力與欲望關係

　　為何欲望一產生就要抑制？從本能這個角度來講，如果人一有欲望就馬上實現，實現後就會因為立刻滿足了而出現新的欲望；接著，新的欲望被實現、滿足之後會再產生更新的欲望……。有了欲望再滿足，成為持續一生的循環，因為隨時都會有欲望，能否被滿足就決定了自己的心情。

　　如果欲望很快被滿足，自己就會開心。如果這個欲望不能被滿足，或是在短期內無法被滿足，有些人就受不了，情緒因此大壞。他會失落、痛苦、煎熬、抑鬱、焦慮。而有些人在產生欲望之後，能判斷這個欲望何時能被滿足，即使在短期內沒獲得滿足也不會打擊信心，他會堅持地持續去做，等待欲望被實現的那天到來。這就叫做理想。這樣子的人，人格穩定、情緒穩定，非常有利於成功。

　　該如何形成上述利於成功的性格與人格呢？就看3歲這階段父母是怎麼鍛鍊的；因為，自我控制的能力就在這個階段形成。若從原始本能和自然狀態的角度來看，都希望自己一旦有了願望或欲望，就能馬上實現或是被滿足，但，這在成長過程與未來一生都是不可能的事。

　　按規律來講，欲望愈大，實現的可能性就愈小，而且，實現的時間也會愈長，導致等待過程變得愈加煎熬。你只有忍得住、耐得住，最後才可能獲致成功。

　　父母要趁著孩子這時正是大腦額葉皮質區正在發育的階段來進行相關鍛鍊，要求孩子在有了欲望之後必須堅持不懈、堅忍不拔；即使欲望沒能實現，也不要因此影響心情，也不要情緒出現巨大波動。

孩子知道這個概念：「並非你想要什麼，就全都能馬上獲得。」

這個階段要強化的生理部位是額葉皮質區，練的是後天的意識。這是一種融合：孩子的內心深處有這種「我想要就能擁有」的自信，但後天的訓練則讓孩子建立這樣的意識：「想要，可不一定就能擁有！你得努力付出或經過一番等待才能擁有。」

先天的自信與後天的意識，兩者並不矛盾。因為，任何事物都有兩面：有內有外、有陰有陽。這兩方面配合好了，孩子長大後就能夠既有自信又能堅忍不拔，這才是父母希望的成果。

當孩子的欲望無法立即獲得滿足，3歲小娃就會跟媽媽用盡各種方法軟磨硬泡：在地上打滾、不吃飯、不睡覺、哀求、說盡好話哄媽媽……。不管怎樣，媽媽一定要堅持住，態度一定要溫和又堅定，說明天中午就是明天中午，別因為孩子的哭鬧就改變作法。

有父母反映：「老師，孩子連滾帶鬧地嚎叫，當著同事、上司的面，不給我面子，怎麼辦？」孩子法多了，但是你記住這兩點：一、孩子鬧是很正常的、二、這是在鍛煉孩子。

孩子在哭鬧的過程中，他其實也在偷瞄媽媽，看媽媽會不會妥協。孩子在哄你的時候，他會觀察你的態度，看你能不能輕易妥協。當孩子絕食甚至自殘，他是想讓你心疼，進而軟化態度。孩子會想盡辦法得到他想要的東西，但父母在這個過程一定記住這兩個要訣：不要去嚴厲地制止孩子哭鬧，訓練孩子的態度一定要溫和。

　　為什麼？一旦嚴厲禁止孩子哭鬧，雖然孩子可能就此不敢撒野了，但也意味著他不敢去想辦法謀取自己想要的東西。也就是說，你把他的創新能力給扼殺在搖籃裡了。孩子的哭鬧、絕食、自殘、不睡覺、甜言蜜語，或是在你同事與領導面前不給你面子，這全都是他解決的辦法。

　　面對3歲孩子為了要某物或不做某事而哭鬧，你既不可以縱容，也不能強烈去制止。態度要溫和，不可以用暴力。如果用暴力，孩子以後就會不敢嘗試。他長大了就會變成「我有欲望但我不敢去試」的膽小鬼。看見喜歡的女孩不敢追、我喜歡某個男孩卻不敢追，我想要考清華或北大之類的明星大學卻害怕失敗。這就是小時候在跟爸媽互動的過程中在心裡種下的陰影。

面對孩子的軟磨硬泡，爸媽千萬不能妥協。一旦輕易妥協或妥協幾次以後，孩子就捏住你的死穴，在他的心裡形成「只要我一鬧，爸爸媽媽就會妥協」的模式。他長大以後，出了社會也會遵循這種固化的模式。比如，他要想追一個女孩，人家不答應當他的女朋友，他對付他媽的這一招就來了：一哭二鬧三上吊。他想要升職，如果領導不給他升職，他就得用這招跟人哭鬧。

3歲養成孩子情緒穩定及正向思考

所以說，成人的行為模式，就在這個時候打基礎。如果孩子這時候覺得這招好用，他以後永遠都會用這一招。比如，孩子哭鬧的時候自殘、絕食，父母受不了就很快地答應他、滿足他。我告訴你，來個這麼幾次以後，這孩子就會形成自殘模式。他長大了以後，只要他想要什麼卻達不到的時候，他就會用自殘這一招。自殘最厲害的等級就是自殺。你看看新聞或生活周遭有沒有這樣的人：「我在社會上受委屈，受到不公平待遇了，我就自殺。」他為什麼會覺得自己受到不公平待遇、覺得自己受委屈了？其實只是他想要的沒能得到；他覺得他應該有、應該是他的，最後卻不是他的。其實，大多數

人也都會有這種想法，但人家並不會去自殺，但為什麼就是有一些人會自殺呢？就是在他小時候形成這種模式，這個模式就是在他當時跟父母互動中形成的。

　　父母在這個階段訓練孩子延遲滿足的時候，一定要溫和而堅定。不管孩子用什麼招都沒用，父母就堅持：「到明天中午我才給你買。你也不用出花招了，時間到了我就會買給你。」幾次之後，孩子就會逐漸形成這樣的模式：「我要了，它最後就能實現，只是需要等待。等待的時候，我要平靜，撒野是沒用的，甜言蜜語也沒用，我自殘了也沒用，絕食也沒用。」孩子能這樣想，就會平靜下來。他的性格就會慢慢變得穩定。

　　比如長大以後開公司要上市，這是不是一種欲望？有的人經過三年努力以後無法上市，又遇到各種障礙，心理就會產生躁鬱而做不下去。這樣的人

父母教養便利貼：

孩子為索求事物而哭鬧，其實就是在鍛鍊自己解決事情的能力。因為，當他觀察父母反應的時候，他自己也在不斷地創新、創造。所以，孩子哭鬧並不是壞事。

怎麼能實現理想？他就失控、走下坡路了。但有些人則是，十年沒上市也還在堅持，情緒不受波動地一步步做。這樣的性格是怎麼形成的？就在3歲左右的階段，父母跟孩子互動的過程中，讓孩子逐漸鍛鍊他大腦的額葉皮質區（前額葉），因為這裡是控制情緒的中樞，鍛鍊得宜就能讓人變得沉穩、有耐心、能夠自律。

這個階段練得好，孩子長大以後，即使追女孩子失敗了，也能正向思考：「人家不答應也很正常，憑什麼我追妳，妳就得答應。」「不管妳對我再怎麼冷漠，反正我想追你，這是我的願望。」「我也不用哭鬧喊殺，也不必絕食、自殘，我就默默地對你好，反正我就是喜歡你。」這樣堅持個一年、兩年、三年，哪個女生拿不下來？但是，如果你追求人家，人家不同意，你就哭鬧上吊，人家害不害怕？情緒這樣不穩、容易失控的人，會讓人感到恐懼，因此離你愈來愈遠。

情緒穩定的人，在面對失敗的時候能保持心平氣和，又能繼續堅毅不拔，這是成功很重要的要素。這都是在3歲這個階段就開始練出來的。

這階段奠定的自律基礎，也影響孩子的一生。

在社會，孩子會面對各種誘惑：金錢、美色、名聲⋯⋯，千萬不可能不動心，但是，動了心了以後怎麼能夠保持理性，不會為了金錢、美色或名聲去犯法、犯規。很多人為了得到眼前的巨額利潤，為了得到眼前的美色，即使知道這會後患無窮，但仍控制不了自己，之後被抓住了才懊悔。

很多人面對毒品、酒精等誘惑就開始放縱，接著就後悔，這叫沒有自律。自律就是在這個時候鍛鍊出來的，它的硬體基礎就是額葉皮質區是否發育夠完善、強大，所以不要忽略這一點。

超前滿足，扼殺孩子的各項生活能力

記住，即時滿足一定是在孩子有需求的情況下去滿足，千萬不能超前滿足。比如，今天要下雪、要降溫了，孩子一早在被窩醒來，媽媽就幫他穿上棉襖，這就是超前滿足。孩子根本還沒感受到外面的寒冷，媽媽就已經要他穿上禦寒衣服了，這是不可以的。所謂的即時滿足，一定是在孩子有了需求，父母才去滿足他。比如，就算知道今天要變冷，孩子還是按昨天的標準穿個單衣就出門了，媽媽看在眼裡並不強制孩子一定要添衣。媽媽要學會觀察孩子對氣候、氣溫是否敏感，你得讓他親自感

受。孩子出門被寒風一吹才覺得冷，回頭問：「媽媽，你看我有點冷，是不是得多穿點？」這個時候媽媽才問孩子：「你要穿什麼？」這就是一種訓練。因為這年紀的孩子已經開始有想法了，若這此時媽媽還把孩子當成都不知道，那就是媽媽自己的問題。

兩歲半、3歲的孩子已經開始有了自我意識。什麼叫做「自我意識」？也就是說，他自己能做判斷。這時，父母就要逐步強化孩子在這方面的能力。能力是練出來的！有多少孩子到了30歲、40歲還無法自立，都是因為他的媽媽在他小時候無微不至地什麼都幫他考慮到，根本不給孩子一個體驗的機會，也不給他一個自己做決策、決定的機會。孩子長大後就沒有這方面能力。他啃老一世，反正這輩子都有媽媽幫他安排。這是非常可悲的人生。

這種人生是怎麼造就的？就是父母造就的。做父母的（尤其是媽媽）在這個時候要注意對孩子的照顧，滿足他，但也要讓孩子儘量去體會外面的風寒冷熱，讓他體會在大雨中被淋透全身是什麼感覺，被風吹了是什麼感覺？熱了是什麼感覺？冷了是什麼感覺？下雪了，他看看外面的雪有什麼感覺？他要能夠根據外界變化決定自己應該怎麼做。

不同的成長階段，得採取不同的教養策略

　　教養哺乳期孩子的原則之一就是即時滿足。因為這樣年紀的孩子還沒擁有自我意識。如果父母即時滿足孩子，就能協助孩子在心裡深處打下自信的基礎，進而形成有自信的心理定勢。但是，當孩子到了3歲左右，他已經擁有自我意識了，大腦的額葉皮質區也開始快速發育；這時，父母就要後天地強化這方面的刺激，刻意延遲孩子的欲望：你想要，就得經過等待或是一番努力，你才能實現願望。

此時，做父母的要配合孩子，給他支持、鼓勵他冒險、勵他不要怕犯錯。比如，才3歲的孩子能到幼稚園上學了。這年紀的孩子懂啥？還不都得靠父母幫他穿戴好。但是，你問3歲的孩子：你知不知道什麼叫冷？什麼叫熱？想不想大小便？……他當然都知道。如果大人總覺得孩子啥都不知道，就什麼都幫他安排好，那是大人自己有問題！

　　這年紀的孩子正值大腦額葉皮質區的發展階段，這時候就應該要強化解讀、分析與判斷的能力，你要給孩子機會並且訓練他。

　　有人說：「老師，那怎麼行！3歲的孩子在大冷天穿個單衣就跑出去了……。」這時候孩子已經上幼稚園了，就算他傻傻地穿著單薄就跑出去玩，父母也別干涉，只要在一旁看著他就好。你看孩子

回來以後凍成那樣，他明天出門時會不會找你要衣服？現在的父母通常做不到這一點，受不得孩子有任何的風寒濕熱，結果就是孩子根本無法體會什麼叫風、什麼叫寒、什麼叫燥、什麼叫熱、什麼叫濕。

這年紀的孩子不知道自己的需求，只覺得你這樣管他，讓他覺得很壓抑很痛苦。只要天氣稍微變涼了，你就要求孩子穿上大棉襖，就算熱的要命也不准脫下。有種冷，叫做媽媽覺得你冷。只要媽媽覺得餓、覺得熱、覺得潮了、覺得要下雨了……，就逼著孩子照她的去做。這孩子即使學習再優秀，出了社會也只是廢柴，因為他沒有基本的判斷力、欠缺獨立生活的能力。這就是孩子在發育敏感期的階段，被無微不至的媽媽抹殺掉感知力、判斷力、決策力與獨立的能力了。這種媽媽看似愛孩子，其實是在害孩子。

平衡欲望與自律，和諧才能人生幸福

日本有個心理學家研究犯罪動機，調查監獄裡的刑事犯與經濟犯，研究他們的家庭背景、成長經歷，想從中找出共性。

心理學家一開始設想，這些犯人應該是在單

親家庭、暴力家庭的環境裡成長，因為缺乏關愛、遭到暴力對待，所以人格扭曲，長大之後才會不守法。但是，多年調查得出的結果卻非如此。

是什麼樣的家庭帶出來的孩子犯罪率最高呢？既不是單親家庭，也不是暴力家庭，而是寵愛型家庭帶出的孩子犯罪率最高。什麼叫做「寵愛型家庭」？父母對孩子的一切要求都儘量去滿足，這就是寵愛型的家庭。

基本上，父母對孩子提出要求的因應方式是有分階段。孩子在兩歲半、3歲的自我意識萌芽期就可以提出要求了。這個時候，父母如果不分情況一律即時滿足、儘量滿足孩子，這就是寵愛。這種寵愛型家庭最常見於老人帶孩子的情況。不管中國也好，日本也好，都是這個樣子。尤其在中國，隔代教養的爺爺奶奶與外公外婆通常都會溺愛孫兒孫女，孩子要什麼就儘量滿足。俗話說「隔輩親」，老人家對自己的兒女都沒這麼寵，但是到了孫子輩就變成要什麼給什麼，恨不得把天上星星摘下來捧給他，這就是寵愛型家庭。為什麼寵愛型家庭帶出的孩子犯罪率高？犯罪者並不是因為缺愛，而是因為被寵壞了，導致性格扭曲，有暴力傾向。

罪犯出身次多的是暴力型家庭。在這種環境成長的孩子，心靈扭曲，長大以後就容易失控、犯罪、反社會。罪犯溫床的第三名才是缺愛型家庭。孩子雖然有父有母，卻感受不到父母的愛。

　　實驗數據顯示，寵愛型家庭的犯罪比例要遠遠高過暴力型和缺愛型的，因為寵愛型家庭在孩子幼年正在發育額葉皮質區的時候，沒有好好地訓練，導致孩子的額葉皮質區發育不完善，因此言行就像動物般地衝動。

　　動物跟人的區別在哪？動物想要，就完全出自本能地，他不管別的，一定就要了。比如，公狗看見發情中的母狗，才不管主人在不在、應不應該，牠倆是否匹配，上去就要交配。人之所以犯罪，是因為有了欲望就順著欲望走：「我想要錢，才不管會不會被發現。」「公司讓我管財務，有1000萬，我就搞個200萬過來，先把錢抓在自己手裡再說。」這不就跟動物一樣嗎？沒有計畫，沒有等待也沒有判斷，就犯罪了。

　　或許有人會問：「大腦前額葉發育好的就不會犯罪嗎？」額葉皮質區發育好的人，他很有理智；即使犯罪，也是智慧型犯罪，被抓住的可能性很

小。為什麼？因為這樣的人一定善於等待，有耐心等到最佳的時機才出手，他的分析、判斷、決策做得很深，也很善於隱藏、偽裝，你說，這樣的人是不是被抓到的機率很小？

並不是去強調犯罪了別被抓到，但是，那些出身於寵愛型家庭的罪犯，行事就是這麼蠢！喜歡美女，就在陰暗處，小巷裡去強姦對方，也不看有沒有錄影監視器，結果就被給抓到了。多數犯罪者不都是這樣嗎？他沒有理智，欲望一上來就沖昏頭，因為他的額葉皮質區不發達，導致他想不了那麼多。

欲望是魔鬼，每個人心裡都有魔鬼。但是，額葉皮質區形成的自律就是天使，每個人都是由魔鬼與天使組成的一個完整的人。當內心魔鬼太強大，天使太弱小的時候，我們就會被魔鬼控制。當內心天使強大，魔鬼虛弱的時候，我們就會被天使控制

父母教養便利貼：

教養3歲的孩子，父母要分清楚何種情況要延遲滿足、何種情況要即使滿足，而且在因應孩子的時候要做得很到位，態度要溫和卻堅定。

著。其實，這兩者都不好，最好的狀態就是魔鬼和天使平衡，這就叫「陰陽和諧」，這才是我們祖先真正的智慧。

父母心理健康，孩子才能身心都健康

所以，在孩子這個階段的教養，父母要掌握延遲滿足的原則。但是，也不能過分要求孩子自律，那也會有問的。

任何時候父母都要掌握一個要點，既不能寵愛放縱，也不能過分地壓抑和限制，要找到一個平衡點。什麼樣的父母能掌握好這個要點呢？只有身心健康的父母才容易拿捏好尺寸。

如果父母本身就心靈扭曲，不是抑鬱就是焦慮，根本就拿捏不好尺寸。恐懼型的媽媽看見孩子冒著寒風出門就嚇壞了。哪能等到孩子覺得冷，回來向你要衣服，你光是想像孩子在那寒風中立刻就受不了。

所以，身為父母的一定要身心健康。如果身體或心理有病，為了孩子就得去治好。如果父母自己不健康，心理扭曲、變態或有精神官能症（neurosis、psychoneurosis或neurotic disorder），怎能帶出身心健康的孩子呢？怎能按

照孩子的發展規律去帶他、跟他互動？即使你知道這個道理，你也做不到。

　　心理扭曲的父母知道自己不應該強求孩子、控制孩子，但，一旦孩子沒按照自己的要求來做事，就大喊大叫、情緒失控。你知道這個階段應該要延遲滿足孩子，但因為自己小時候極度缺愛、不被關注，就產生補償心態並投射到孩子身上，只要孩子想要什麼，就會想辦法儘量去滿足他。比如，孩子想要某個玩具，你有足夠的經濟條件就立刻買給他，雖然你知道延遲滿足的道理卻做不到，只要孩子一鬧，孩子一覺得痛苦，孩子用些花招，你立刻就被打垮，根本就堅持不到明天中午。

　　所以，怎麼帶出健康的、正常的孩子？第一個前提就是父母身心健康的。其次是父母有正知、正見。父母知道在哪個階段要怎麼帶孩子才是正確的，他自己也身心健康，，這樣的父母就很容易就

父母教養便利貼：

精英是教化來的，是按照自然規律，在符合自然規律的前提下，讓孩子健康、有序地成長，這才是打造精英的基礎。

帶出健康的孩子。因為他在孩子發育的每個階段，他都能掌握規律並且真正地做到。

　　現在中國有80%幾、接近90%的父母都是心靈扭曲，有心理疾病的。導致現在的孩子，80後、90後、00後是一代不如一代。變態、啃老族、無作為、失控，這就是現在社會的現象。愈晚出生的，精英愈少。精英是教化來的，是按照自然規律，在符合自然規律的前提下，讓孩子健康、有序地成長，這才是打造精英的基礎。

　　這本書已經提到兩個老祖宗打造菁英的基礎要素：自律、延遲滿足。你看現在中國的父母有做到嗎？全都丟掉了。現在的中國家庭絕大多數都是寵愛型的家庭，絕大多數都是補償心態：爺爺奶奶因為早年吃太多苦了，在養育兒女的時候也沒條件，現在生活一下子變好了，就對孫子輩無限制地滿足，這是爺爺奶奶對孫輩的一種補償心態。至於身為父母這一輩的人，小時候沒能吃好穿好，也因為家庭經濟條件太差，沒能獲得足夠的關愛；現在條件突然變好，對孩子也是補償心態。

　　再加上中國搞計畫生育，一家就這麼一個寶貝，長輩又全是補償心態，你看這個寶貝是怎麼

長大的？都是溺愛型的！所以，中國的犯罪率低不了，雖然現在中國的犯罪率最低，但那都是壓抑。當老百姓的不敢犯罪，但是你看，當官的、有錢的敢不敢犯罪？

在國外，都是當官的、有錢的才不會犯罪，在社會最底層、沒錢沒勢的老百姓犯罪率高。中國的情況則是反過來。老百姓畏懼嚴刑峻法，不敢犯罪，反而是有錢有勢的人犯罪比例高。這不僅是整個社會體制造成的，也跟小時候父母沒把家庭教育做到位有關。

額葉皮質區太強大也不好？

這一章探討如何培養自律、如何讓前額葉變得更強大。為何現在又說額葉皮質區太強大，導致人特別自律也不好？

任何東西一旦過要點就不好。如果人太自律，太過理智，那就會極度壓抑。極度壓抑了也是一種心理扭曲。人的本能和本性不是壞，過了才是壞；但是，沒有本能和本性也不行，那是心靈力量的源泉，是創造力的源泉。

因為，沒了本能和本性，欲望也就跟著沒有了。沒有欲望，就沒有行動力，最後就變成行屍走肉。比如，一個人非常僵化、特別固執，乍看之下他似乎是特別守規矩、特別有理，其實這就變成完美型人格。這樣的人就偏執，活得很痛苦。所以，兩邊都不能過度，我們要的是平衡。

可悲，中華民族在四、五千年前就非常明白家庭教育的重要性，而且，這整套的教育精英的教化之道，是沿用四、五千年的中華瑰寶。結果，到了現代近200年時間全都給抹滅了。現在育兒，還得向西方學習。西方的育兒學根本就不成體系，跟它學什麼？就學了一些行為主義的東西，父母在孩子3歲以後就開始相互比較。比什麼？比誰能背唐詩、誰能算數學、誰能跳舞、誰能演奏音樂……，就比這些。該做的都沒做到，不該做的卻全都做了，對孩子是不是造成傷害？

第三章
要放手讓兒童獨立,避免身心問題

3 到 7 歲是自我意識的萌芽期。

父母若在這階段沒讓孩子獨立,將會影響他的一生。

對父母過度依賴、啃老、結婚找錯對象、外遇……,

諸多問題都源自自我意識的萌芽期沒有培養出獨立的能力。

分房分床,就是讓孩子邁向獨立的第一步!

孩子到了兩歲半、3歲左右就要分房分床

3歲到7歲是一個啟蒙期,稱為「自我意識的萌芽期」。父母該如何支持、鼓勵並配合孩子目前的身心發展階段?父母這個時候要鼓勵孩子嘗試獨立,給他獨立的空間作為代表性的標誌。首先,媽媽要做好和孩子分床的工作。如果該分離的時候沒做好分離的工作,這孩子長大以後,不管是工作、家庭生活、或是找結婚對象,都會有很大的影響。

獨立有個非常重要的標誌性行為,就是讓孩子擁有屬於自己的空間,而且要讓孩子知道這空間就是他的。

孩子在這階段之前都跟媽媽在一起,或是跟父母、外公外婆、爺爺奶奶在一起。他一直都跟大人在一起。直到兩歲半至3歲的時候,孩子的身體和心理都已發展到要獨立的程度了,此時,分房、分床就是孩子最基本的需求。

如果家裡有條件,最好能給孩子一個獨立的房間。如果無法給他一人一間房,至少也要做到分床。孩子的床就是他的活動空間。這時候必須讓孩子離開媽媽、離開父母,並且擁有自己的小天地。

分離，就從分床做起。分床對孩子意味著他自己有個獨立的空間，這個標誌意義重大！父母要讓孩子習慣在自己的空間玩耍、睡覺，先要讓孩子知道「這是你自己擁有的獨立空間」，這點很重要；接著要不斷向孩子灌輸這個概念：「你已經大了，你已經不是小孩了。」為什麼孩子才3歲就要灌輸他這個概念？為的就是幫他準備步入社會。

　　也就是說，我們大約在3歲的時候就開始準備步入社會了。因為，人是群居的動物，孩子遲早要融入社會、離開父母、離開這個家。此時做的鋪墊就是啟蒙。

　　父母給孩子安排小床的時候，還要告訴孩子這張床是他自己的。此時，孩子雖然已有獨立的需求，但那是源自潛意識的需求；在現實層面，孩子是不想離開媽媽的，他不想離開父母的床。這時候，父母千萬不可以妥協，一定要堅持！

　　分床獨立意味母子之間的分離。現在孩子已經有了「獨立」的心理需求，反倒是很多媽媽捨不得放手。畢竟，從孩子出生到現在已三年，他都跟媽媽睡在同一張床，全天候地接受媽媽無微不至的照顧。所以，一旦孩子要去睡自己的房間或自己的小

床，媽媽就受不了。很多媽媽在孩子離開之後，對於孩子單獨睡在其他房間這項事感到焦慮，怕孩子踢被子、吹到風、著涼了，熱到了，又擔心孩子會害怕──其實，都是母親在怕。不是孩子離不開母親，而是母親離不開孩子。

如果大人心理健康，就很容易成功地跟孩子分離。但如果大人心理有些問題，要做到這點就不容易。尤其是控制型的媽媽，也叫做「焦慮型的媽媽」，基本上會走極端：不是做得特別決絕，就是完全無法分離。

也有父母不知道這時候應該要讓孩子獨立，就任他繼續跟著睡同一張床。有時，孩子都已8歲、9歲，甚至10幾歲了，還跟父母擠一張床，這是不可以的！

父母教養便利貼：

如果媽媽捨不得、放不下，就會有各種藉口與方法把孩子拉回到自己床上。但是，該分床的時候不分床，該讓孩子獨立的時候不獨立，這對他以後的生活、工作會造成多大影響。

如果孩子在這個階段不能順利獨立，或是父母不鼓勵他獨立，孩子就會形成一種心理定勢：對父母的嚴重依賴，之後就會發展成病態的依戀。長大後，無論生活或工作都會受到很大的影響。以下就來探討這方面的問題。

用東西方的觀點來探討性本能與戀母情結

西方家庭育兒特別強調獨立，只是做法有些偏頗。孩子一出生沒多久，還在哺乳期就單獨睡一張小床。不跟父母睡同張床，意味著要讓孩子獨立。這種教養強調獨立與自我，最後卻導致親子之間冷漠、家庭情感淡薄。西方社會在這個階段的育兒方式確實很有問題。

中華民族卻是另一個極端，主張教養方式偏向親子不分離，導致中國人過度依戀親情，整個民族性格出現一種對父母有著嚴重「依戀情結」的缺陷。這種依戀甚至影響終生。那麼，現代的中國父母該如何讓孩子在這個階段順利獨立？我主張，既不要向古人學習，也不要向西方的教育方式學習，以免走上極端。

從心理學的佛洛伊德精神分析流派來講，人多多少少會有伊底帕斯情結（Oedipus Complex，簡

稱戀母情結）。伊底帕斯是希臘神話的悲劇人物，他是個孤兒，長大後在不知情的狀況下殺死自己的生父並且娶了自己的生母。

佛洛伊德援用希臘神話這個名詞，主張人天生都會對異性父母有依戀，兒子對媽媽產生愛戀，女兒則是爸爸前世的小情人。

佛洛伊德把人類的行為、動機全歸結於性本能或攻擊本能。從性本能的角度來講，小男孩最初接觸的異性就是媽媽，他內心深處會對媽媽產生伊底帕斯情結，這是最原始的欲望。說到這裡有人要質疑了：「老師，孩子怎麼可能懂性？」此處提到的性，不僅限於男歡女愛這種狹隘的定義，而是一種原始的、自然的本能與欲望。

伊底帕斯情結，講的就是人天生就有戀母戀父的表現。兒子依戀母親是出於愛。兒子想完全得到母親，就對父親產生了攻擊的欲望。但因為父親很強大，兒子殺不過，就把這種攻擊藏在內心深處，長大後就轉化成各種動力。佛洛伊德據此推演：長大後所有行為都是由最原始的本能發展出來。為什麼會有攻擊本能？因為你有性本能，性本能代表的欲望就是佔有。你要想滿足自己欲望，就會通過爭

奪、搶奪、攻擊來佔有。雖說攻擊也是本能，但它是在性本能的基礎之上再延伸出去的本能。由攻擊本能再往外延伸出去的，就是積極向上、拼搏努力的力量。實現理想需要力量，而攻擊本能就是力量的源泉。也就是說，最初的、最原始的力量就源自於性！

佛洛伊德在200年前提出這樣的理論：所有的愛都源自戀母，所有力量都源於想要殺父的攻擊性。愛的能力、佔有的欲望和攻擊的力量，在孩子成長過程是不可缺的，也是最基本的生存力。

實際上，中華民族的古聖先賢，在黃帝與堯舜禹的時代就已經知道這件事了。比如，春秋時代的孔子總結先聖對宇宙、人性的認知，講出「食色性也」這句話。所謂的色，就是佛洛伊德說的性本能。孔子認為，食和色是最基本的欲望，是最本質的原動力。中華民族的祖先在四、五千年前就已經知道人類有佔有欲、攻擊性、力量、理想，全都來自食與色。

人最根本的欲望就是食和色，欲望是所有一切的原動力。社會的進步，人的進步，都建立在欲望的基礎。以佛家觀點來說，這叫做「欲界」。欲界

裡面最原始，最本質的東西就是欲望，沒有欲望就沒有整個世界，也沒有所在的宇宙。

　　人、動物與植物的最原始本能就是生存、繁衍。從動植物來看生存，直接就牽涉生存與繁衍；要想得到繁衍的權利與優化，就得具有攻擊性，就得去佔有。從人性角度來講，如果大家都不自私，都無私地為別人、國家、社會或民族考慮，就沒法繁衍，也沒法生存了。所謂「人人為我，我為人人。」在為他人著想之前，先得保證自己的生存和繁衍，才能去幫助別人生存、繁衍。我們也不可極度自我，罔顧社會與群體的規則。過度自私的人遲早會受到群體規則的制約、懲罰，甚至被驅逐。

過度的戀父戀母破壞婚姻、造成社會亂象

　　如何拿捏自我與群體規則的平衡？這就牽涉到幼年的自我意識萌芽期與父母互動所形成的心理定勢。

父母教養便利貼：

所謂「人人為我，我為人人。」在為他人著想之前，先得保證自己的生存和繁衍，才能去幫助別人生存、繁衍。

人人都有戀母情結和戀父情結，這種本能理所當然就會存在，無所謂好壞之分。只是，父母要正確引導它，不能讓它變過度了。過度就不好，就會影響生活。

如果孩子過度戀父或戀母，就會變成依賴父母。如果長大後這個趨勢一直延伸下去，就會表現出嚴重的依賴性。比如，害怕分離的分離焦慮症（Separation Anxiety Disorder, 簡稱SAD），或是莫名的攻擊性。

有時候，3～5歲的孩子會有這種現象：男孩把父親當成情敵，跟爸爸搶媽媽；女孩把母親視為情敵，和母親爭奪爸爸。這年紀的孩子莫名就有這樣的衝動。父母對此既不可放縱，也不可壓抑，而是要正視。因為這種攻擊性正是第一叛逆期的特徵。

這階段的孩子之所以叛逆，是因為他開始依戀異性父母。有愛就會產生佔有欲，為了佔有就得去爭奪。最早的佔有欲和攻擊性，發自人類最原始的本能，所以是很正常的。此時，為人父母的要注意如何去引導孩子。這階段的教化重點，可從兩方面來探討。第一個就是依戀，也就是性本能；第二個則是攻擊本能。

首先，針對孩子依戀異性父母的問題，父母在這個階段就要做好分離的工作。孩子到了3歲，媽媽就不可以再和兒子睡在同一張床，爸爸也不能跟女兒睡在同一張床，父母要讓孩子有獨立的空間。中國古代也是這麼做的。

就上述例子來說，這個小男孩在該跟父母分離的時候沒分離，之後就會分離不了。這樣的孩子會變得過分依戀母親，佔有欲會愈來愈強，攻擊性也會很強，也會特別地叛逆。

孩子在青春期很叛逆，到了社會還是很叛逆。為什麼？因為在他的潛意識深處：「媽媽是我的，誰也不能染指！」要是他覺著有誰在跟他搶奪媽媽，他的攻擊性就會急速爆發，如果拿捏不好分寸就失控了，甚至引發對外人的仇視。更重要的是，這個兒子對媽媽反而表現得更叛逆，情緒更失控、暴躁。

父母教養便利貼：

小心！如果兒子3歲了還跟媽媽睡在同張床，或一直跟父母睡，這都是沒做好分離的工作。這個小男孩長大之後會加重戀母情結，形成扭曲的變態心理。

等他18歲之後找結婚對象，很容易就會有一見鍾情的行為。我不是說一見鍾情這件事不對，而是要分析這種一見鍾情的感覺是怎麼來的。很多時候，所謂的一見鍾情，其實是源自於戀父情結或戀母情結。

比如，有個男孩非常依戀媽媽，這個過度的依戀，是因為他在第一叛逆期沒有獨立，心理上沒有脫離母親的懷抱。等他長大成男人了，即使早已離開父母、步入社會，心理還是停留在媽媽的懷裡。但現實中，這個男人已經離開父母、離開媽媽了，因此內心會有很大的遺憾需要儘快補回，否則會覺得空虛、矛盾，這就是補償心理。這個男人為了儘快補償心中的遺憾，在接觸異性的過程就很容易出現一見鍾情的現象。

這種一見鍾情是如何產生的？因為這個男人的心中有個自己極度依戀的媽媽，只要他遇到的異性有一處能對應到媽媽的某個特性，比如，像媽媽一樣溫柔、眼神或表情類似，髮型、穿衣風格或身材很像媽媽，某個動作跟媽媽一樣……。實際會對應到哪一點，就看這個男人的媽媽在他心中形成什麼樣的概念，但這是男人自己不會意識到的。

因為這個男人就是在追尋自己媽媽的形象，所以，某個女人不經意的回眸一下就觸動他了：「她的眼神好像我媽媽的眼神。當我看到這個眼神的時候，就會感到一種特別熟悉的感覺，非常溫暖，非常有安全感，讓我特別想去依賴。」即使這女人跟他媽一點兒都不像，但碰巧她的眼神就跟他心中的媽媽有了對應，就形成一見鍾情了。

　　其實這只是一種投射。男人把心中對媽媽的依戀投射到女人的身上，從此總想親近她。其實，男孩想親近的是心中的媽媽。因為他有嚴重的戀母情結，內心深處還存在著媽媽，因此在現實中就去找一個「媽媽」。只要遇到能跟心中媽媽對應的女人，她一個眼神、一句話、一件衣服、一款髮型、一個動作，都有可能引發這個男孩對媽媽的依戀。當然，這是潛意識層面的動機，自己很難察覺。

現在夫妻關係失和多半來自兒童與父母關係

　　這種一見鍾情會有什麼問題？「我就喜歡這個女人，別問我為什麼！你說她的條件、家庭背景配不上我，我不在乎！我就是喜歡，沒有理由地喜歡。」從外人眼光來看，這兩人實在不相配，卻怎樣也拆散不了。問題是，這種乍看是真愛的一見鍾

情，其實是源自過度的戀母情結。男人是在找媽媽的替代品，不是在找自己喜歡的異性。

這種一見鍾情的感情通常會特別濃烈，因為男人覺得對方很熟悉：「你看，我們肯定在前生有什麼情緣！」等到這女人懷孕，男人會突然之間不再對她有欲望，沒有性的需求了。為什麼？因為，男人以為他找的是自己喜歡的女人，實際卻是按照媽媽形象去找的替代品；一旦這女人懷孕、生子，就坐實媽媽的角色，從而引發男人內心深處對亂倫的恐懼。

所以，很多男人在老婆懷孕或生完孩子的哺乳期，發生外遇的特別多。因為這時候男人對老婆那種一見鍾情的感覺突然就淡了。當初喜歡這個女人沒有理由，現在突然不喜歡也沒有理由。但，他身為一個正常男人會有性的需求，於是就把目光放在外面。有的男人在外面只有一個情人，有人卻有很多個。

當老婆發現老公在外面有其他女人，通常會要求離婚。一般來講，這樣的男人並不想跟老婆離婚，因為他不想離開他的「媽媽」。這個「媽媽」會在家裡照顧他們的孩子，也照顧著自己。但是他

因為生理需求，所以也斷不了外面的情人。搞得自己很痛苦，老婆也很痛苦。所以，男孩的戀母情結會種下他長大之後婚姻、家庭不和的惡根。

現在中國的離婚率很高，很多家庭都出現這種情況。男人在家裡對老婆沒有感覺，在外頭有好多情人，這已成了一種社會問題。

現在中國的夫妻關係看似保守，出軌行為卻比歐美人士開放太多，非常嚇人。為什麼？國外男女觀念開放，離婚率應該更高才是！但是，外國男人在家庭之外有一堆情人的比例卻沒中國來得高。反而是這方面特別保守的中國人離婚率世界第一。即使沒離婚的，也都是家裡有老婆，外頭有好幾位情人。難道是因為中國人沒有道德嗎？不是的，道德是後天教化，本能是先天的驅動；所以道德永遠戰勝不了本能。除非倫理道德在社會上形成了強大氛圍，才能遏阻男人偷腥。所以，外遇這種社會現象要從心裡深處的根源來找出原因。中國人普遍都有戀父、戀母的情結，剛才講的是男孩的戀母情結影響到他成年之後的家庭。女孩的戀父情結也一樣。

如果女孩的戀父情結很嚴重，她長大了也會按照爸爸的形象來找男朋友。為什麼現在有很多女孩

喜歡找大叔談戀愛，即使對方年紀比自己大個20歲、30歲也喜歡得不得了？

大叔不見得每個都有錢，但為什麼女孩就是對大叔一見鍾情？原來，大叔跟女孩爸爸的形象有所相應，女孩就認定非他莫屬了。兩人結婚後也會如膠似漆。但等到這個女孩懷孕，她的大叔老公就此確定了「爸爸」這個角色，進而勾起女孩內心深處的亂倫恐懼，一下子就對老公沒了感覺。

還有一種情況是，女人某天晚上或一早醒來看到身邊躺著一個老頭子，突然就產生厭惡。當初她找老公，是按照心中的爸爸來尋找的，等到她突然認清「老公並不是爸爸」的事實，她對老公的愛就立即消失。當初加注在這男人身上的愛，其實是女人內心深處對爸爸的依戀；所以，當初怎麼看怎麼好，什麼缺點都看不見。一旦女人清醒，就會開始討厭對方，再也不讓老公碰了。所以，有時候太太鬧著要離婚，並不是她外頭有人，只是她從戀父情結裡清醒了，所以必須離婚。

以上從佛洛伊德精神分析的角度來探討戀父、戀母情結會衍生的問題。一旦戀父、戀母過了度，就會對家庭、生活與情感產生負面影響。在經手的

臨床個案裡頭有很多確實是這樣子。凡涉及到夫妻關係的，通常男方都有個控制型的母親。夫妻關係是從孩子與父母關係延伸出來的；要解決現在的夫妻問題，就必須回到童年跟父母的關係。

中國透過戀父戀母形塑愛國的民族性格

為什麼現代中國有很多夫妻會遇到這樣的問題？因為戀父戀母情結自古以來就是整個民族性格的問題，到現在都解決不了。

古人從小就不讓孩子獨立，男孩女孩都一樣。貴族、有錢人的孩子雖然擁有自己的房間，但房內一直有奶媽伺候；平民百姓的孩子則跟父母睡，沒有分床分房的概念。

古人甚至有意這樣做。當孩子在12歲左右進入第二叛逆期（青春期）之後，古代的婚姻制度就讓14、15歲的男孩娶個比他大的女孩。這是什麼概念？男孩到了12歲是不是該離開父母、步入社會了，這時候給他娶一個比他大的原配來照顧他的生活起居，就是媽媽的替代品——不用你自己去找，家裡就給你找好了。

所以，等這個男孩長大成人，事業穩定，他有了獨立的判斷力，在社會也有地位了，就允許他

去找自己喜歡的女人。一般來講，男人這時候都會找比他小的女人，家族也允許男人把這個女人娶回家，這就是所謂的妾。

妾可不是來替代原配的！這時候，原配一定都還在家裡。古人納妾，會根據富貴、官職等條件分等級。什麼樣的身家可以納幾名妾，這個理和規是不能逾愈的。

古人就透過一夫一妻多妾的婚姻制度，讓有條件的男人用妻子來解決「媽媽替代品」的問題，又同時用妾來解決了男人基於本能、出自生理需求的問題。古人透過這種制度來化解了整個社會的矛盾，使社會不混亂。當然，能娶妾的必須要有一定的地位、經濟能力才可以娶妾、養得起這麼多老婆。百分之八、九十的平民連娶個老婆都不容易了，拿啥養妾？大多數平民就是一夫一妻。

父母教養便利貼：

夫妻關係是從孩子與父母關係延伸出來的；要解決現在的夫妻問題，就必須回到童年跟父母的關係。

給2～3歲孩子獨立空間改變傳統教養方式

雖然現在中國已是一夫一妻制的社會，不允許納妾。但是，有能力掙錢、當官的男人，哪個在外面沒有情人？整個社會並沒有改變，只是把舊社會裡光明正大納的妾，變成了暗藏的情人。這種小三一旦曝光，就會被大家唾罵。你比較一下，到底哪個做法對女人更不公平？

針對這個社會現象，父母該怎麼做？主要從兩個方面，一個順，一個逆。

順是什麼意思？中華民族本身就是戀父戀母情結比較嚴重的，我就沿用以前中國的一夫一妻多妾制，這叫做「順」。當然，這種做法對女人不公平，不符合男女平等的潮流。

還有第二條路：逆。這就要從頭去根治了！想要改變育兒觀念與教養方式，當孩子兩歲半到3歲的時候就讓他開始學習獨立，給他一個獨立空間。

這個方法逆著中華民族幾千年來育兒的慣性。如果全民都能讓自己的孩子獨立，孩子就不會有過度戀父、戀母的情結，長大以後在找對象時自然就會去找自己真正喜歡的另一半，而不是心態扭曲地

去尋找爸爸或媽媽的替代品。自己跟真正喜歡的另一半結合，這種家庭的感情就會很穩定。當太太懷孕、生子，夫妻間的感情就會變得更好，丈夫不會想著要去外邊找情人。這才是解決這個社會現象的正路。

但是，這辦法說起來容易，要做到可就難了。尤其在中國，想做到在孩子2～3歲的時候就和父母正確地分離，更是難上加難。

有讀者也許想知道：「老師，孩子那個時候如果不跟父母在一起，而是跟爺爺奶奶、外公外婆在一起，行不行？」不行！「晚上跟奶媽、保姆在一起睡覺，好方便照顧他，行不行？」不行！這時候就要讓孩子獨立，給他獨立的空間。什麼叫做「獨立」？就是自己獨自一人。

這個時候，不僅要給孩子獨立的實質空間，也要給他獨立思考的心理空間。個年紀的孩已經有基本的判斷能力了。比如買衣服、吃飯的時候，就讓他去選自己喜歡的衣服或餐點。透過放手讓孩子學會選擇，一點點的讓他自己去做判斷、做決策，這就是支持、鼓勵孩子獨立的方式。

這時候最忌諱的控制型媽媽！當父母的不要什

麼都一手包辦。你愈是一手包辦，孩子愈離不開你，同時他內心深處會壓抑那種要獨立、要自由意志的能量。他這時候愈是壓抑，到了青春期就會愈反彈，到了社會也是叛逆的人格：反叛領導，「你愈讓我做什麼，我愈不給你做！」這都是小時候曾被控制型媽媽壓抑後的結果。

放手讓孩子獨立會直接影響其一生

上面講到嚴重的戀父戀母情結會對夫妻情感造成負面影響。那麼，嚴重的戀父戀母情結也會影響工作。在現實人際關係裡，體現出來的就是強烈的佔有欲和分離焦慮。

不僅在男女情感，在工作也會體現出強烈的佔有欲。比如，談戀愛時若對方提出不想繼續交往，他就受不了、沒法活了。因為他這時候很害怕分離，甚至會鬧著上吊、跳樓，企圖用尋死手段來逼迫對方求和。

強烈的佔有欲會形成極度的控制欲，控制欲又會引發極強烈的嫉妒與過分的敏感，因而不擇手段地去爭去奪去搶，就形成了心理變態的攻擊性。這種人對他想要的東西會有一種變態的需求，變態的爭奪，這都是戀父、戀母情結衍生出的結果。

在孩子該獨立的時候，就讓他正確地獨立，支持、配合並且鼓勵孩子去獨立。因為，獨立與否會直接影響孩子的一生，影響了他未來的感情生活與婚姻家庭，影響他將來的工作事業與人際交往。但，放手讓孩子獨立卻是中國的爸爸媽媽最難做到的事。

現在的父母基本上都有分離焦慮症。自己都是戀父、戀母情結，等到孩子3歲了，即使知道自己應該要跟孩子分離、讓孩子獨立，但父母自己就受不了這件事。有分離焦慮症的媽媽爸爸，會覺得：「晚上讓這麼小的孩子自己睡，孩子會做不到。」其實，不是孩子不行，是當爸爸媽媽的自己不行。

這是中國的社會性問題，整個社會在養兒育兒方面的劣根性：孩子生出來以後，為人父母的一輩子都在抱著他。等孩子到了30歲、40歲、50歲，父

父母教養便利貼：

最忌諱的控制型媽媽！當父母的不要什麼都一手包辦。你愈是一手包辦，孩子愈離不開你，同時他內心深處會壓抑那種要獨立、要自由意志的能量。他這時候愈是壓抑，到了青春期就會愈反彈，到了社會也是叛逆的人格。

母還是把他當成小孩子。這樣的人即使年紀再大，也離不開原生家庭。

讓3歲孩子都能成功獨立，打造穩定社會

中國人對故土、對家族、家庭與父母的依戀特別重。長大以後，不管走多遠都得落葉歸根。外國人沒這種概念。你看西方人哪有落葉歸根的，但是中國人無論走多遠，老了之後都想要落葉歸根。落葉歸根其實就是這種民族性格的一種延伸。我不是說有故土觀不好、年老之後想要落葉歸根這件事不好，而是說，任何事情一旦過度了就不好，會影響各個方面，影響這個人的獨立。

中華民族自古以來特別強調家族，家是社會結構裡最基礎的根基。古聖先賢就強調這點，讓人具備戀父、戀母的情結，這種情結延伸出去就會對先祖列宗產生依戀、依賴，最後就會無法脫離整個家族。人家要的就是這個結果！無論你走多遠，還是得有個家。祖宗在哪，祖先在哪，父母在哪，哪裡就是家。你看，每年一到春節或清明，全世界的華人都要來場大遷徙。不管你是在北京、上海打工，還是移民到美國，澳洲或紐西蘭，中國人過節的時

候都要回到老家。這種現象，就是宏觀的戀父戀母情結在起作用。

　　廣義的戀父、戀母情結有弊端，但是古代透過社會結構（包括婚姻體制），將有之扭轉成讓社會穩定的元素。既不會造成社會混亂，也不會導致上下交相怨。古人藉由戀父、戀母情結來強化對家庭與家族的概念，有了家庭與家族，才有國。

　　而現在，一切都在學西方，雖然育兒養兒的方法跟古代差不多，沒有什麼太大改變，結果就出現這種社會現象了。像是外遇這種現象，就普遍存在華人世界，不僅是中國、臺灣、香港、新加坡、澳門，通通都有這樣的問題。像香港和澳門是一九七零年代才取消一夫一妻多妾制，但是現在的富豪明裡暗裡擁有情婦（妾）的不少，大家也只能睜一隻眼閉一隻眼。

父母教養便利貼：

在孩子該獨立的時候，就讓他正確地獨立，支持、配合並且鼓勵孩子去獨立。因為，獨立與否會直接影響孩子的一生，影響了他未來的感情生活與婚姻家庭，影響他將來的工作事業與人際交往。

從西方的心理學來講，整個中國人都有戀父戀母情結。那麼，有沒有解套的方法，讓我一方面保有中華民族這種戀家、戀故土、戀列祖列宗的凝聚力，自己又能夠相對地獨立，能夠在現有的婚姻制度下擁有和睦的家庭與穩定的感情，在工作上又能夠相對獨立，沒有分離焦慮？

可以的。只要掌握各階段的教養訣竅：父母在孩子哺乳期做到無縫的陪伴，讓孩子對媽媽、對這個家有種天生的依賴與安全感；到了3歲左右自我意識萌芽期時，父母就開始跟孩子分離。照階段特性來做，並且徹底落實就行了。這樣帶孩子，他們長大以後，會深愛、依賴父母，有那種感情，同時自己又能獨立。就不會像歐美人是那樣對父母、原生家庭與故鄉沒什麼感情、特別冷漠，也不會像以前的中國人那樣過度眷戀家庭與故土。

父母教養便利貼：

只要掌握各階段的教養訣竅：父母在孩子哺乳期的時候做到無縫的陪伴，讓孩子對媽媽、對這個家有種天生的依賴與安全感；到了3歲左右自我意識萌芽期的時候，父母就開始跟孩子分離。只要按照階段特性來做，並且徹底落實就行了。

現在知道孩子這階段學會獨立的重要性了，父母只要能做到這一點，無論現在外遇問題或婚姻制度多混亂，只要對孩子教育方式來做個正確的引導。這對孩子、家庭與整個社會，都是好事。

80

第四章
3 歲左右兒童的心理特徵與教育訣竅

3 至 6 歲孩子的大腦已發育到跟成人差不多的狀態了，

這年紀的孩子無論學習力或觀察力都突飛猛進，

因此，他好奇、愛發問、喜歡跟小朋友玩，

也會對各種事物躍躍欲試。

但是，這年紀的孩子在心智上還只是個幼兒，

不懂得同理他人，沒法想像一些見不到的事物。

為人父母，要順著孩子的天性進行有效的教育，

千萬別揠苗助長！

3歲兒童心理特徵①：強烈的好奇心

3歲到6歲是孩子正在形塑性格的階段。這章將講述這年紀的兒童的心理特徵與表現形式，讓父母知道自己孩子會出現什麼典型的心理特徵，明白什麼情況下是正常的，什麼情況下是不正常的。當父母了解這階段孩子的心理框架，就知道自己在這個時候該怎麼應對了。我們首先來談談3歲兒童最典型的心理特徵：強烈的好奇心。

孩子這時候對很多東西都有濃厚興趣，什麼事都要打破沙鍋問到底，他每天都有無數個為什麼。這種好奇心特別簡單卻又很脆弱，同時又特別執著。你若不回覆孩子，或是他得不到滿意的答案，就會沒完沒了，非常地執著。

從大腦發育的立場來看，孩子因為好奇而問個不停，代表了一個關鍵期。旺盛的好奇心，是因為這階段的大腦皮層的某個區域正在發育，因此導致孩子出現這樣的狀態。尤其好奇心是3歲的孩子最典型的一個心理特徵。發明、創造的原始驅動力都出自好奇心，如果孩子欠缺好奇心，就不可能探索這個世界，更不可能去冒險、發明或創造了。

這個階段也許為期半年，也許需要一年的時

間，等孩子到了4、5歲的時候，就會慢慢地自然而然地度過這個狀態了。

所以父母要配合他千奇百怪的發問以支持、鼓勵孩子的好奇心，這將是孩子長大後創造力的原動力。這個時候父母要對孩子有耐心，不要否定他的問題，不要打擊他的好奇心，要配合他、跟他互動。但是給他的答案到底是不是正確其實倒沒有太大關係，比如兒童會有很多問題，像天上有多少顆星星，你也沒必要給他一個非常認真的答案。其實，孩子要的也不是答案，他只是出於強烈的好奇心想探知這個世界。

父母要配合和支持孩子，讓他充分發揮。如果這個時候否定、打擊孩子，不理會或是冷漠以對，那孩子在這個關鍵期的發展就不良。所以，面對孩子沒完沒了的疑問，父母千萬要耐煩。不要否定，不要打擊，也不要太冷漠地對待，否則孩子長大後

父母教養便利貼：

好奇心是3歲的孩子最典型的一個心理特徵，發明、創造的原始驅動力都出自好奇心。這個時候父母要對孩子有耐心，不要否定他的問題，不要打擊他的好奇心，要配合他、跟他互動。

就沒有好奇心了，什麼都提不起興趣，沒有興趣就沒有理想，沒有理想就沒有動力，只是為了活著而活著是很可悲的。

3歲兒童心理特徵②：群聚心理

這年紀的孩子，第二個心理特徵就是群體聚集（群聚心理）。他這時候會渴望走出家門，跟其他人（尤其是小朋友）交往。

兩歲半、3歲的孩子會喜歡走出家門觀察外界，他要和人、動物、植物交流，和這個世界互動。這時候，父母千萬不可把孩子單獨關在家裡交給爺爺奶奶或保姆帶，最好讓孩子上幼稚園。

孩子到了3歲左右就可以上幼稚園了。幼稚園其實是滿足孩子這種群體聚集心理的理想場合。孩子在這個時候特別想跟同年齡的孩子一起玩、鬧。在孩子跟其他小朋友互動的過程，也要同時進行關於自律性、家教等方面的啟蒙。父母要在家裡引導、指導孩子學會家規與社會規矩，同時也要儘量把他放到大自然裡，儘量讓他跟孩子在一起。

總結起來，這個時候的教養要儘量做到這兩點。第一點，要培養基本的規矩。第二點，讓他和儘量接觸大自然──最好是跟孩子們一起接觸大自

然。如果只是讓孩子自己一人單獨接觸大自然，就缺少了交流過程。跟其他孩子一起接觸大自然，對3歲到6歲兒童是最珍貴的教養課程。

3歲兒童心理特徵③：無意識的模仿

如果從心理特徵來講，第三個特徵可以總結為「無意識的模仿心理」。3歲左右的孩子就是這種無意識地模仿，不是有意地模仿。

孩子在哺乳期以後（發育快的甚至在哺乳期以前）就已經開始模仿了，這時候，孩子會模仿周遭大人的語言、口型與表情。但到了3歲左右，模仿範圍就變得特別廣，各個方面都模仿。

這年紀的孩子開始有偶像了。孩子的偶像是怎麼來的？以小男孩看電視來說，3歲左右的年紀最喜歡看卡通，很多小男孩看《鹹蛋超人》，就很喜歡當鹹蛋超人：「我是鹹蛋超人！」這種英雄情結。就是一種無意識的模仿。到了五、6歲的時候，孩子的偶像會從動畫主角轉向真人，他會喜歡某位明星，喜歡他演的某部電視劇……，這些表現都是一種無意識模仿的心理特徵。

所以言傳身教、言傳身教，這在3歲以後是非常非常重要的，尤其是身教這一點非常重要。因

為，這年紀的男孩會無意識地模仿父親，女孩則會無意識地模仿母親。所以，父親在自家男孩3歲以後一定要親自參與教養孩子的工作。

3到6歲的學習模式是觀察式學習。孩子透過觀察、模仿而學會某事。這時他都觀察些什麼？最常觀察的就是父母的互動。男孩第一個模仿的對象一定是父親，女孩第一個模仿的必是母親。可以這麼說；有什麼樣的父親就有什麼樣的兒子，有什麼樣的母親就有什麼樣的女兒。

當然，上述結論並非絕對，因為針對深層潛意識，這孩子長大後在表層意識或現實言行也許會跟他父母完全不同。比如，看到某對父子表面上是截然不同的兩類人，兒子是溫文爾雅的紳士，父親特別地暴虐；結果，當你跟兒子結婚後卻發現他骨子裡就是暴虐的。這種骨子裡的暴虐是怎麼來的？就是在他幼年的這個階段無意識地模仿父親，形成了根深蒂固的模式。這種深層意識，表面看不出來。

3到6歲的女兒也會模仿母親，這種模仿也屬於深層意識的模仿。所以，我們可能會發現：特別嘮叨的控制型母親，她的女兒長大後雖然性格特別地溫柔、賢淑，但當她結婚以後有了孩子，這位女

兒的表現通常也會跟她媽媽相近：對外人特別地溫柔，一旦回到家裡，面對孩子就立刻變回跟她媽媽一樣的模式：啥都要管，嘮叨個不停。這種心理模式是怎麼來的？很大程度就是透過幼年的模仿所形成的。

　　為何中國古人非常講究家風，找結婚對象的時候，父母請媒婆去幫忙察看雙方家風能否匹配？這麼做是有道理的！因為3歲的無意識模仿，這項心理特徵將會影響終生。媒婆先幫忙看對方父母，父母代表整個後天的成長環境；再去看對方的祖輩。因為家風是一輩一輩積累下形成的。所以，結婚要慎選另一半，後天環境對下一代的影響非常大。

3歲兒童心理特徵④：能主動觀察來自行學習

　　孩子到了3歲，由於好奇心驅使，會很想要探知這個世界，也就是自家以外的人事物。如何啟蒙3歲孩子探知世界？首先，就是讓他和人在一起，特別是同齡的小朋友。至於物，指的就是自然。這時候要讓孩子接觸外面的世界。這個時候的兒童要觀察世界了，他會從細微處意識到宏觀。

　　世界，有人造的世界，也有自然的世界。自然世界的資訊量遠遠超過人造世界，後者不如前

為何要慎選另一半？父母對孩子的影響

孩子的智力、情緒、性格主要受先天遺傳與後天環境的影響。遺傳因素，在胎兒期就拍板敲定了。所以，你選擇另一半不僅是給自己選擇一個喜歡的人，同時也是為自己的孩子選擇他的爸爸或媽媽。你選擇的對象，會影響你孩子的性格、愛好、情緒、智商、EQ，甚至身體健康。

先天遺傳、後天培養，哪個更重要？大量實驗發現，遺傳因素和後天環境的影響各占50%，兩者都同樣重要。

德國心理學家做了相關實驗。他們為2000多對夫妻與1000位孩子進行智力測試，探討父母智商與孩子智商的相關度。智力測試得分90至130屬於是中等智力，超過130是比較優異的，低於90的是弱智。如果爸爸跟媽媽的智商都在130以上，優加優的組合，孩子也是高智商的比例為71%。如果父親和母親的智商都是90分以內，生出來的孩子智商在130以上的比例只剩下5.4%。這項實驗說明了遺傳的重要性。當然，遺傳病不是影響智力的唯一因素，低智商父母也能生出高智商的孩子，只是機率很小。

所以，未婚者要注意對象的選擇。這不是自己喜歡、一見鍾情那麼簡單！如果要結婚，就要考慮到後代子孫。因為，受遺傳影響的可不只一代而已！有心理學家用白老鼠做遺傳實驗，得出來的結論是：一對白老鼠，他們各方面的指標會影響到後面八代；這對白老鼠的特徵過了八代以後才逐漸削弱。所以，育兒學這套東西再精透，也只是後天環境的培養，還有一半是靠先天遺傳來決定，也就是說，你在找婚姻對象的時候就決定一半了。

所以，古人找對象講究知根知底，通常還要請媒婆協助。媒婆的作用是什麼？因為一般人不可能瞭解每個家庭和家族，但是古代的媒婆對當地各個家族的情況都有瞭解，她能幫忙媒合兩個門當戶對的家庭。媒婆在介紹兩個家族的未婚男女之前，首先要考慮到雙方家族前幾代的根

底，至少要了解這家族五代的智力怎麼樣？能力如何？他家是否積德行善？有沒有出惡人？有沒有出精神病或是有生理缺陷的？透過媒說，兩個要結婚的男女不需見面，只要雙方父母講好了就直接結婚。

「老師，如果父母和媒婆給我定了我不喜歡的人，沒有徵求我的意見就要我跟他結婚，這多麼不公平？」什麼叫公平？你覺得應該找自己喜歡的人結婚，但是，現代人擇偶往往按照自己喜歡的來找，通常就落入上一章「一見鍾情」的陷阱：因為戀父戀母情結，所以會被對方的某個點吸引，結果就全都不顧了。

「但我就是不喜歡他，怎麼辦？」喜歡是一種感覺，感情是可以日久生情的，日久生情出來的感情會更穩定。我講的這個論點是有西方心理學實驗佐證的。這項長達數十年的心理學實驗，研究結婚對象與家庭穩固的關係：第一組10000多個家庭都是選擇自己喜歡，甚至是一見鍾情的對象結婚；第二組也有10000多個家庭，他們是透過父母介紹或相親才組成家庭的。心理學家透過幾十年追蹤，進行大數據篩選之後發現：透過相親、獲得父母認同、或是直接由父母安排結婚的，要比一見鍾情、自己找對象結婚的夫妻，無論是家庭或夫妻感情都穩定很多，幸福感也比較強，離婚率更是低得多。

現在的年輕人憑自己喜好尋找另一半。但是，喜愛或喜好是多麼地脆弱！婚姻由諸多因素構成，不僅是兩人共同生活而已，還涉及兩大家族的子孫繁衍。後代會是怎樣的智商、EQ、性格與品德、身體健康與否、有無遺傳病……，你的婚姻對你的子孫具有非常重要的意義。

古人設置的這套婚姻制度，從現在的育兒學來看非常科學，因為，育兒學從你選結婚對象的時候就已經開始了。你選擇什麼對象，孩子爸媽傳給孩子的先天遺傳就在這時已經註定。如果先天遺傳這50%的部分做好，這孩子就能獲得身心健康的保障。反觀後天的環境，就算從胎教到18

歲的教養都做得非常到位，孩子也未必就會健康、優秀。因為，如果父母某一方的家族帶有遺傳病的基因，這孩子後天再怎麼教養，先天上就有遺傳病。

優秀的孩子除了智商，也包含生理與心理的健康。無論哪一項，遺傳都有重大影響。大量科學資料告訴我們，這些影響是先天遺傳占了一半、後天環境占一半。所以，若要想帶出優秀的健康的孩子，就要同時注重兩方面。

者的萬分之一！比如，給孩子買再多玩具（人造環境的資訊量再豐富），也遠遠比不過讓孩子自由地在大自然裡探索。這年紀的孩子會透過主動觀察來自行學習，他的腦神經連接也會在觀察過程而不斷加深、加多。如果能與同齡小朋友玩耍，效果會更好！玩耍也是一種人際交流，孩子能藉此來練習語言能力，練習人與人之間互動、交流的溝通能力：怎樣能更好地相處？什麼情況會有衝突？有衝突時該如何保護自己的利益？在什麼情況之下要妥協？怎樣能融入群體，讓其他小朋友接納自己？怎樣能讓其他小朋友為自己做事？這些點點滴滴，全都在跟小朋友的互動過程中學習。

3歲到6歲，也就是7歲之前，孩子的學習模式就是觀察，他學習的具體方法就是遊戲！孩子和孩

子用什麼來溝通彼此？遊戲。孩子怎麼觀察大自然？遊戲。

遊戲對孩子具有天然的吸引力，沒有其他任何學習方法比遊戲對孩子更好的了。所以，要盡量順應這年紀孩子對群居的好奇心與需求，讓他藉著跟同儕相處的過程來培養多方面的能力。

3歲兒童心理特徵⑤：深受情緒支配

3歲左右的孩子非常地情緒化。說哭就哭，說鬧就鬧。一個不順心，立即就在地打滾，絲毫不顧你的面子，這就是3歲左右的孩子。很多家有3歲孩子的父母很頭疼，完全管不住自己的小孩。沒辦法，這個時候的孩子情緒就是如此。

為什麼會出現這種情況？因為孩子這時候的大腦已發展到接近成人的程度了。3歲的大腦重量就達到約1000克左右，到了七歲平均是1280克，到了成人就是1400克了。3到6歲孩童的大腦發

父母教養便利貼：

3歲到6歲，也就是7歲之前，孩子的學習模式就是觀察，他學習的具體方法就是遊戲！

育很快；因此，他的思考速度、認知世界的能力、學習的能力特別強。但是，那些需要大量練習才能臻至完美的語言、溝通等能力就跟不上。有時候，孩子想表達卻表達不出來。不能充分表達，該怎麼辦？他就透過誇張的情緒來表達。

因此，在了解這階段孩童的心理特徵與大腦發育階段之後，該如何對3歲左右至6歲的孩子進行有效的教育？以下是五個原則。

教育3歲孩子原則 ①：玩耍可促進觀察及認知的能力

在保證安全的前提下，讓兒童大量地進行各種遊戲，讓他自行去感知這世界的冷熱暖濕潮等感覺。不要灌輸太多知識性的東西，那是沒有意義的！這階段孩子的學習就是觀察，然後是自然地跟人跟世界互動，他自己會發明遊戲。比如，放孩子到草地上玩耍，即使這裡沒有遊戲設備，也沒帶玩具過來，孩子自己就能想辦法找出很多可以玩的事情。比如，跟小蟲子玩、跟小草玩、觀察小樹葉、感受風……他自己就會找出許多樂趣。

一定要注意，這時候父母絕對不可能認為3歲

孩子已經會說話、有記憶了，就開始要他背唐詩、讓他數1到1000……，千萬不要這樣做！這時候，孩子的身心成長還發展沒到那個階段，這些強押的「學習」只會起到不好的作用。這個時候，你應該要讓他多觀察。觀察物體、觀察自然、觀察細微的東西，在遊戲中提升孩子的觀察力和認知能力，這才是配合腦神經發展的教育訣竅。

教育3歲孩子原則②：讓兒童發展人際交往能力

兒童的EQ也在這個過程一點一點地啟蒙。孩子最初的人際交往，一定是在他跟著同齡小朋友玩耍的過程中產生。這個能力是在互動中自然培養出來的，不是大人教的。大人教的叫做「言傳」。這時候，你教孩子，即使說得明明白白，孩子還是不理解。為什麼？因為孩子這時候無論生理和心理都還沒有成熟到那個階段，所以他無法理解。

父母教養便利貼：

所以說，言傳身教、言傳身教，這在3歲以後是非常非常重要的，尤其是身教這一點非常重要。因為，這年紀的男孩會無意識地模仿父親，女孩則會無意識地模仿母親。所以，父親在自家男孩3歲以後一定要親自參與教養孩子的工作。

這年紀孩子的特點是什麼？自我中心化。也就是指他不理解別人的感受。

3、4歲的孩子不會考慮別人是怎麼想的，他只知道「我」有什麼想法。西方有個心理學實驗，找了一個3、4歲左右的孩子，讓他看一座山的模型。我們只能看到山在眼前的這一面；轉到另一個角度來看這個山，又會看到山的另一面。「剛才我們已經把這個模型的四周都觀察過一遍了。我看到山的這一面是這個狀態，那麼，你告訴我山的那一邊是什麼？」這孩子就說不出來了。他看見什麼就是什麼，即使剛剛他才看過山的另一邊，但他就是無法了解現在沒看到的「另一邊」到底是什麼樣子。

在3、4歲孩子的腦海中沒有這個概念。而大人就不一樣，大人看過一圈以後，就知道山在我的腦海就能將整個山做立體呈現，我既知道這一面又能知道另一面。另一面是怎麼知道的？透過想像出來。但是3、4歲的孩子不具備這種能力：「別人怎麼想的？我不知道。」這種心理狀態就叫做「自我中心化」。

孩子透過與同儕的互動，他的自我中心化會一點一點地消失，取而代之的是開始能夠感知別人的

想法、感知別人的狀態。這種能力叫做「去自我中心化」。

　　把3歲左右的孩子放到一起，首先出現的就是衝突、彼此不讓。最常聽到他們哭嚷這句話：「這是我的，這是我的！」這階段的孩子佔有欲極強，經常相互搶奪玩具，對方不給就哭。如果大人硬奪他手中的玩具，他不給的時候也哭。如果這群孩子全都是3、4歲左右的年紀，因為大家全都自我中心化的心理狀態，完全不能設身處地為其他小朋友考慮，吵鬧得特別厲害。

　　那麼，原本完全自我中心的孩子如何學會有同理心？就是在這個階段多跟小朋友互動，他會在互動過程中發現「我」的想法和「別的小朋友」想法不同：「喔，他是這麼想的！」然後小朋友們之間就開始相互妥協、開始交換，一點一點地就開始變和睦了。以成人為例，為何有些人就是很善於顧及別人感受，能敏銳地察覺別人現在是什麼感受，有的人就特別遲鈍，不知道對方已經生氣了，就算別人表情都已經那樣了，他還毫無感覺。後者的心理狀態還處於自我中心化的階段，他只知道自己的感受，無法顧及或感受不到別人是怎麼想的。

同理是一種能力。這種能力就是在3到6歲這個階段啟蒙的，也就是說，這階段也是培養際交往能力的關鍵期。人從3歲左右開始人際之間的互動，掌控這方面能力的大腦皮層與腦神經迴路在這個時候開始大量發育。

　　現在中國的孩子多半是獨生子，在家裡都沒有兄弟姐妹可以互動，所以，父母一定要注意：孩子3歲以後要送到幼稚園或托兒所，讓孩子跟同年紀的小朋友在一起，大家一起做遊戲。

　　有些父母會很關切這點：「老師，不是說這階段的孩子要學會自律嗎？那麼，他上幼稚園是不是應該守規矩呢？」所謂的自律，對這個階段的孩子來說就是在家庭教他怎麼遵守家教裡那些最基本的規矩即可，這時候還沒到形塑社會規矩的階段。社會性的規矩是要到七歲以後才開始培養的，現在3歲的年紀是在家庭中樹立最基本的家教、家規，是個人的自理能力以及良好的習慣，是個人的規矩而不是集體的。如果這個時候教3歲兒童社會規矩，比如，孩子到了幼稚園必須乖乖坐在課堂上認真聽講、不能交頭接耳、要注意組織紀律、站隊要特別直、坐要坐得腰板挺直，像軍隊似的，這根本違反孩子的身心發展！

教育3歲孩子原則③：開始培養個人生活的自理能力

請父母特別注意，這不是學習，而是生活上的自理能力和良好的生活習慣。什麼是良好的習慣？比如，晚上吃完晚飯之後玩一會兒，九點鐘準時上床睡覺，這是習慣。孩子有固定的作息時間，不能讓3、4歲的孩子跟你一起熬夜到半夜11點、12點。吃飯要一日三餐，正餐要好好地吃，平時要少吃零食，這都是生活習慣。這些習慣都是這個時候開始養成的。

生活自理能力，在孩子到了3歲以後就可以開始培養。比如，要求孩子在玩過玩具以後要自己收到玩具箱裡。比如，要求孩子注意清潔問題，如果從外面回來要先洗手。又比如說，孩子睡覺有一個自己的小被子，當他醒來之後要自己疊好。父母要在家裡一點一滴地訓練孩子這些生活上的自理能力和良好習慣，而不是把孩子送到幼稚園，就讓老師來教孩子這些事情。這個階段，老師沒有義務也沒有這個職責來教育孩子這些事情，自理能力和良好習慣的養成必須由父母親力親為。

那麼，幼稚園老師做什麼呢？他只要在孩子安

全的情況下讓孩子自己玩，給他創造一個玩耍的環境就行了。

　　但是，看看現在的幼稚園老師都在做什麼：教孩子彈鋼琴、畫畫……。父母與老師都忽略了：現在就學彈琴、學繪畫對孩子來講，只有傷害，沒有好處。這個時候孩子的大腦與心理都還沒發育到可以學這些才藝的階段。因此提前不是好事！

教育 3 歲孩子原則④：橫向發展探索興趣

　　這個時候孩子的特性就是好奇心極強，他感興趣的範圍極廣，孩子這時候的發展的是橫向，而不是縱向。我說的縱向發展是指像繪畫、音樂、語言、跳舞這些會愈來愈深的專科才藝。而3、4歲的孩子需要橫向發展，因為他的興趣很廣泛，但都很淺──對什麼都感興趣，但這興趣來得快，去得也快，這是非常正常的現象。

父母教養便利貼：

同理是一種能力。這種能力就是在3到6歲這個階段啟蒙的，也就是說，這階段也是培養際交往能力的關鍵期。

但有些父母受不了：「我給你報個畫畫班，你才上個三次，人家一期有十次，你不想上了，沒耐性！」或是「老師，那怎麼辦呢？上了三次以後孩子就不上了，後面那七次不就白繳錢了？」給孩子下這個結論，然後逼孩子繼續學。但父母要知道，孩子這階段原本就是這種特性，也是訓練孩子養成基本規範的關鍵期。以上鋼琴班為例，父母一定要等到孩子表示他想學了，你才能答應。但是，不少父母也擔心孩子現在說有興趣想學，但只學了三、四次就不想學了，怎麼辦？這時父母不妨事先跟孩子做這樣的約定：「媽媽可以給你報鋼琴班，但是我們約好，我報了這十次，你必須得把這十次都上完，不能中途就不上了。」

這種提前約定的規範屬於基本規範，讓孩子心中有個自律：「不能全憑自我、全憑任性。」至於學完十堂課以後，孩子要再繼續學還是不學了，全由他自己決定。接下來他可能想學繪畫，可能想學跳舞，這時父母也可以說：「沒關係，這些都可以！但是，你想學什麼，我給你報了之後，你就得把這期學完。」

這樣的約束，不但可以滿足這年齡孩子的廣泛好奇心與強烈的學習動力，還可結合自律性的訓

練。父母要掌握這一點，千萬不要一心逼孩子。

　　也許有的父母會說：「你看郎朗，他從小表現了鋼琴的天賦，人家爸爸就開始逼，現在郎朗有多成功？」郎朗是特例。虎爸、狼媽，盯住一點就開始逼孩子。雖然有個郎朗成功了，但有多少孩子因此廢掉了？教養講的是普遍的規律，講究的是在身心都健康的前提之下才能有所成就，為人父母不能盯著孩子的一點成就，就逼孩子走郎朗那個模式。

教育3歲孩子原則⑤：要正確對待孩子的反抗行為

　　這時候的孩子情緒變化極大，甚至會出現反抗行為。反抗就是不服從嗎？不是的。反抗只是這年齡孩童的一種自我表達，等他過了這階段就好了。

　　當孩子的情緒發作了，父母必須知道孩子想表達什麼，並且好好地進行引導，讓他的欲望獲得滿足。就像前面提過的延遲滿足，孩子在訓練過程可能會變得暴躁、言行出現反抗，沒關係，大人繼續溫和對待並且態度堅持，孩子在過程中自然就能練出耐性。等這個過程很好地度過了，孩子的性情也就變得穩定了。如果這個階段過不去，孩子在過程中被強烈壓制，那麼，這個孩子以後將會反抗一輩子，形成反抗型或叛逆型人格：「只要你命令我做

什麼，我就不做！」他長大以後對長輩、老師、老闆、領導就是反抗心態，一輩子都變不了。

所以，教養3歲的孩子要注意這階段的心理發展特徵，同時針對他的特徵進行有效的教育。

父母教養便利貼：

約束不但可以滿足3～6歲孩子的廣泛好奇心與強烈的學習動力，還可結合自律性的訓練。父母要掌握這一點，千萬不要一心逼孩子。

如何挑選幼稚園？玩樂比學知識更重要！

　　要送什麼樣的幼稚園呢？記住，不要送那種重視孩子學會多少知識的幼稚園，要送那種能讓孩子們一起玩耍，讓孩子多做遊戲、發揮創造力、多接觸大自然的幼稚園或托兒所。

　　曾有學員分享他知道的幼稚園「老師，現在有些幼稚園，尤其是國家級的公立幼稚園，小朋友去了以後都要排隊，必須站得直直的，上課就跟小學生、大學生上課一樣，必須坐得直直的，背著手聽老師彈鋼琴，老師還教數學……。」千萬不要送這種幼稚園！尤其是對3歲孩子進行軍事化管理，要求孩子守規矩、不許交頭接耳，這樣的做法非常地可笑！要知道，3歲左右的孩子正處於好奇心極強的階段，孩子之間本來就以互動為主，打打鬧鬧、喊叫、觀察大自然，這是他的天性。你讓他跟大學生、中學生似地背手一坐，認認真真聽老師講課，孩子啥也不懂。但是，中國這幾十年的幼稚園全是這麼帶孩子的，哪有讓你玩？一個老師看好幾十個孩子，說話都不行。如果讓孩子玩起來，老師怎麼管？無組織、無紀律。

　　西方的幼稚園好一些。西方幼稚園雖有知識性的灌輸，但對於所謂的紀律性沒有那麼嚴，就是讓大家玩兒。小孩子是在玩中學。

第五章
4歲兒童的心理特徵與教育訣竅

4歲孩子開始能察覺他人感受，

並逐漸展露個人特質與天賦。

當孩子變得愈來愈聰明，也愈來愈好溝通，

父母此時要做的不是灌輸他們知識與才藝，

而是讓孩子透過遊戲來培養多元能力，

並藉由正面評價來鼓勵孩子培養正向的人格特質及自信。

3 歲與 4 歲孩子成長差異性

4～6歲這個階段的孩子身心成長特別地快，每一年變化都非常大，且變化是一年比一年大。雖然他們的心理特徵有著高度的相似性，但不同年紀仍有著細微的區別。比如，3歲與4歲的孩子，雖然只差一歲，但彼此的心理特徵就不太相同。3歲左右的孩子喜歡群聚、模仿，但在4歲的時候會變得更活潑、記憶力更強、並且開始有了具象的想像能力，能做些簡單的思考，進而有意識地做出一些行為。其實，4歲孩子還保持著3歲孩子那種積極、好奇的心理特徵，但細究起來卻又與3歲的他有些不同。

身心發展到了5歲就變得相對穩定。孩子在7歲讀小學，5、6歲的孩子又稱為「學齡前兒童」。當孩子長到5歲的時候，心理特徵又和他在4歲的時候不同。

由於3至6歲的心理發展變化很大，要等到6、7歲以後才會穩定下來；所以，本章簡介這年紀孩童最典型的心理特徵，讓父母理解當自己孩子發展到這階段的基本狀態，以及如何針對不同年齡從哪裡著手來進行有效的教育。

4歲孩童的三個典型心理特徵

先講4歲的孩子的心理特徵。主要有三個特徵：

1.變得更活潑好動，對周圍事物的動態觀察會愈來愈明顯。

2.開始有了形象思維的能力。

3.能主動進行有意識的行為。

首先，這階段孩子變得更活潑好動，對周圍事物的動態觀察會愈來愈明顯。3歲的孩子擅長靜態觀察，到了約4歲左右就開始進行動態觀察，此時更加強調互動性。比如，4歲孩子喜歡玩扮家家酒，他不依賴成人也不讓成人管，自己玩扮家家酒遊戲，並且在這種遊戲過程裡去認知、觀察世界，他的觀察也變得更為動態了。

其次是4歲孩童開始有了形象思維的能力。所以你跟4歲孩子說什麼，他腦裡就能想像出相關的形象或圖像，也就有能力進行分類遊戲，例如可以請他將家裡吃的食物，比如麵包、蔬菜、肉類，慢慢地做簡單分類。他通常會願意配合這樣的遊戲，也有能力在不同形象的物品裡找出共通的相似點。圖像思考，是4歲兒童很重要的心理特徵。

最後，4歲孩童的心理特徵是能主動進行有意識的行為。在上一章提到，3歲孩子的行為，無論是模仿父母或是基於自我中心而與其他小朋友搶奪玩具，大多出於「無意識」。而4歲左右的孩子就會開始明顯做出一些「有意識」的行為，他做什麼事情都是有動機的。因為孩子這時候已經有了鮮明的記憶，能意識到一些行為，並把注意力集中在某樣物品、某件事、某個人的身上。

由於4歲孩子的記憶力變強，他也因此擁有了「有意識的」想像能力，所以不再只憑自我好惡去做某事。比如，這年紀的孩子說想學舞蹈，結果上了幾次舞蹈課就不想繼續了；所以當媽媽講道理給他聽的時候，孩子也可能會覺得自己應該還能繼續學下去。因為，這時的他開始能思考、衡量對錯，不像在3歲的時候只會被情緒控制。

針對4歲左右的孩子的心理特徵及大腦的發育

父母教養便利貼：

4歲孩子的記憶力變強，他也因此擁有了「有意識的」想像能力，所以不再只憑自我好惡去做某事。所以當媽媽講道理給他聽的時候，孩子也可能會覺得自己應該還能繼續學下去。

階段，父母應該怎樣進行有效的教育？以下是我提出的四項原則，能幫父母有效教育出優秀的兒童。

教育4歲孩子原則①：刻意導孩子去深入觀察生活

首先，父母平日應該要刻意引導孩子去體驗豐富多彩的生活，並進行深入的觀察。這種觀察，不再是3歲時觀察大自然的那種漫無目的的觀察了。4歲孩子要觀察什麼？觀察周遭的生活方式與生活態度。比如，讓他感受不同的生活方式，引導他思考哪種生活好、哪種生活壞？其次，多讓他凝聽鋼琴曲，觀看畫作或大海，盡量讓他去體驗這個世界的不同感受。

別看3歲跟4歲只差一年，孩子在不同年齡卻會對相同事物有著不同的理解程度。你給3歲左右的孩子講這些東西、看這些東西，他根本無法理解。4歲左右的孩子開始已經有了能力感受，他不僅是透過外表來感受自然、感受人情，他還可以進行深層次的感受，就看父母如何引導。

教育4歲孩子原則②：培養同理心的起點

同理心涉及哪些方面？比如，互相幫助、互相謙讓、不打人、不欺負人、敬老愛幼、同情殘疾

人、疼愛小動物……，3歲孩子還不懂上述言行的意義，孩子到了4歲左右就會逐漸在這方面開竅。

4歲孩子都喜歡小動物。很多孩子會希望父母讓他養小貓、小狗或小兔子。其實，讓這年齡的孩童養小動物是挺好的事。孩子在養小動物的過程中，和小動物的互動能培養他的同情心與愛心，同時，他也在為自己長大做個準備，開始培養以後在人際交往必備的同理心。

所謂的同理心，也就是感知他人的感受。當4歲孩子扮家家酒的時候，會把小動物當成弟弟妹妹或孩子般地伺候。孩子在伺候過程扮演父親或母親的角色，對待小動物就像對待自己的孩子一樣，他就會設身處地站在父母的角度來思考。

父母教養便利貼：

孩子在養小動物的過程中，和小動物的互動能培養他的同情心與愛心，同時，他也在為自己長大做個準備，開始培養以後在人際交往必備的同理心。

教育 4 歲孩子原則③：激發孩子的表現力與創造力

孩子在3歲的時候還不懂何謂表現，到了4歲就開始很喜歡這樣做。比如，在學校學了一支舞，就想表演給大家看；在鋼琴課學到一首曲子，回家就想彈給父母聽。有些幼稚園會教孩子做摺紙之類的手工藝，4歲的孩子會開始主動教其他人如何做，這就是一種表現欲。

為什麼4歲孩子的表現欲這麼明顯？因為他開始有想像力了。所有的創造力都源自想像，沒有想像哪有創造？因為有了想像力，所以孩子要實現腦中想像的事物，這就叫做「創造力」。

這時候父母要注意了，當孩子想展示他做的手工藝品給所有人看，大人要透過口頭誇獎或實質鼓勵來支持他，這會是孩子的動力。他有了動力才會不斷繼續創造。如果這時候打擊孩子，他就會不想幹了，從此沒了創造力。

這個時候，尤其忌諱把孩子捆在書本上。比如，有些父母喜歡讓這年紀的孩子開始背唐詩、學數學、練英語……，這些才藝不是建立在孩子有興趣的基礎之上，而是強迫。強迫6歲以下的孩子學習，只會在孩子心裡埋下對學習的厭惡，長大後

就會永遠不想學習了。誰跟他一起學習、給他派任務，他就討厭誰。

在孩子6歲之前要培養他的興趣，讓他保有好奇心、有興趣去做他喜歡做的事，而不是強迫灌輸他知識性的學習，這點很重要！

教育 4 歲孩子原則④：要全面性發展，不要侷限

什麼叫做「全面發展」？簡單地說，就是培養多方面的能力，這需要父母付出一定新力的引導。比如，給孩子玩的遊戲，最好能結合認知能力、運動能力、語言能力、判斷能力，然後透過遊戲過程來培養孩子這幾個面向的能力。

什麼是認知能力？觀察、感受，這就是認知的基礎。運動能力呢？讓孩子接觸各式各樣的運動項目，比如，拍球、踢毽子之類很適合這年齡孩子的運動。至於語言能力，這階段的重點就是讓孩子學會如何運用言詞來表達。比如，教孩子各種詞彙的意義，並且跟他對詞。「高的相反是什麼？」「低。」「上的反義詞？」「下。」讓他了解詞彙的意思，並進而用來溝通、表達。

這時候，千萬不要硬性地進行灌輸知識，而是跟孩子玩遊戲、讓他在遊戲過程中有機會表達。比

如，問孩子某項物品的顏色：「這是什麼顏色？」講故事給她聽的時候，問他故事人物的某些作為是好還是不好，讓他有機會去思考什麼行為是好的、什麼是不好的？孩子這時候已具備基本的判斷力；所以，當孩子到了4歲，父母就可以進行上述能力的訓練，而且要把這些訓練融入遊戲裡。

提早學習，無助於大腦發育！

當孩子要上小學的時候，父母就更緊張了。「老師，人家學前班的孩子學1＋1，甚至很會背誦乘法口訣，但我孩子啥都沒學，進小學以後豈不就跟不上？」現在很多父母都有這種顧慮。請你不要有這樣的顧慮，而是遵從孩子的大腦發展規律與心理

入學寧晚別早，要遵循孩子的自然發展規則！

我在這裡要提倡「孩子上學，寧晚別早」這個觀念。正常來說，孩子3歲上幼稚園，7歲入小學。這跟中國自古傳下來的教育原則相符，因為這符合人的自然發展。

到底要讓孩子在兩歲半還是3歲半的時候上幼稚園？父母其實可以從孩子的標誌性行為來判斷。如果孩子開始反叛、開始說「不」，不管這時他是兩歲半還是3歲，都可以上幼稚園。

發展規律：該學什麼的時候就學什麼，不該學什麼的時候也不要提前學。提早並沒有好處！

現在有不少西方國家，如澳大利亞就明令父母在孩子7歲前不可教他數學、不可以灌輸他知識性或機械記憶的內容，不可以讓孩子背誦……如果哪個父母這麼做，就會被要判刑。因為西方國家注意到這個問題：如果提前灌輸孩子知識，只會對孩子造成傷害。而現在中國還盛行提早對孩子強化他們背誦、記憶、邏輯與數學的能力。其實，從育兒學的角度來看，將小學一、二年級的知識提前灌輸給5、6歲的學齡前兒童，將導致孩子上小學之後會出現注意力不集中的問題。

如果這是順著孩子的興趣來發展，因為孩子做的都是自己感興趣的，他的注意力就會非常集中。當孩子注意力集中的時候，他的腦神經也到了連接的關鍵時刻。孩子只有在他感興趣的領域才會集中

父母教養便利貼：

在孩子6歲之前要培養他的興趣，讓他保有好奇心、有興趣去做他喜歡做的事，而不是強迫灌輸他知識性的學習，這點很重要！

注意力，他的大腦皮層發育才會因此發展更好、更深。而且，也只有在掌管邏輯、語文等能力的大腦皮層發育到一定程度，孩子才會對這些事物感興趣。7歲左右這些能力都已大致發展成熟，所以，孩子這時候進了小學，上課時就會集中他的專注力。

如果孩子才5、6歲，大腦掌管這些能力的區域還沒發展成熟，你就去強化他不感興趣的內容，下任務讓他背唐詩或學些像數學、邏輯之類的東西，他就會不感興趣也學不明白。或者，你這時候逼孩子背外語、背課文之類孩子不感興趣的內容，這個時候，孩子大腦皮層掌管機械記憶、邏輯思維的區域也不會因此產生腦神經連結。因為，腦神經只有在時間對的發展關鍵期才會增加生連接；而且，當孩子因為感興而專注的時候，腦神經才會連結得更好、更廣。當孩子的生理機能還沒發育到這個階段你就提前強化這些能力，結果就會變成這階段該強化的、該發育的大腦區域沒能獲得發育、強化。你這時候拼命強化他那些還沒到該發育時期的區域，其實也沒提早學習，導致孩子不願專心學習！

過早學習的孩子，等他上小學之後就會出現專注力方面的問題。尤其是那些在上小學之前就提早學習國小一、二年級課本內容的孩子，他在校上課

時會覺得這些內容自己早就會了，根本就不需要聽課，導致孩子上課難以集中精神。

在學習方面偷跑的孩子和那些按部就班的孩子，他們後來的學習表現會如何呢？

在小學一年級、二年級的時候，偷跑的孩子會很輕鬆，因為這些課程內容他都學過了。那些沒學過的孩子就得認真、專注地學習才能跟上進度。

但這種不平等，基本上到了三年級就開始打平！因為三年級的課程內容是那些偷跑者從沒學過的。到了四年級，這兩類學生的學習表現開始有了明顯差距！那些按照自然規律發展來學習的孩子，他們的成績原本位於後段，這時他們開始超越；而那些因為提前學習而在一、二年級位於前段的孩子，到了中高年級開始掉隊。這種差異在上了國高中之後會更明顯。在學齡前就偷跑的孩子，他整個創造力、思維能力等各種能力一下就被超越過去了。

所以，父母千萬不要急功近利，對孩子的培養一定要符合自然規律。

大概知道孩子普遍性的語言發展過程，我們也要知道有些孩子的語言發展不盡相同，比如說有人

會早一點，也有人會晚一點，其實問題都不大，身為父母不用太過焦慮。接下來，再進入到孩子行為發展的歷程。

第六章
學齡前兒童的心理特徵與教育訣竅

孩子在 7 歲進小學，
所以 5、6 歲的孩子又稱為「學齡前兒童」。
當孩子到了 5 歲的時候，
身心發展會比 3、4 歲來得相對穩定，
而這年紀的兒童。在心理方面還是會表現出獨
屬於這階段的明顯特徵。

學齡前孩童心理特徵①：愛學好問，能抽象思考

學齡前兒童開始變得愛學習、喜歡發問。但是這年齡的愛學、好問又不同於3歲時候的好奇心了。學齡前兒童會深入觀察人事物，這個時候就開始展現出他要學習的求知欲了。

孩子在3歲、4歲的時候也會提出很多問題，那時父母隨便回答也無所謂，編個故事解釋也行，孩子只要覺得有個差不多的答案就滿足了。可是，等他到了5歲的時候，父母就不能再用寓言式回答去糊弄了。孩子這個時候要求的是精準的回答，因為他已經會自行觀察，甚至已有了一定的學習能力；如果父母仍舊拿故事來蒙混，肯定無法滿足孩子的好奇心。

學齡前兒童透過觀察日常生活，因此產生疑問。比如，「為什麼壞掉的雞蛋能浮在水上，好的

父母教養便利貼：

5、6歲的學齡前兒童會主動觀察社會的現象，然後提出各種問題，這時候父母要及時滿足他的求知欲。建議父母這時候可幫孩子準備《十萬個為什麼》之類的科普讀物。

雞蛋會沉在水底？」他觀察現象以後，會提出這類問題。這個時候，父母得給他一個科學的解釋。

　　父母要注意了，5、6歲孩子的教育重點要放在他的求知欲。也就是說，孩子之所以愛學、好問，是因為他已經有了求知欲。

　　孩子滿5歲之後就可以進行入學前的打底鋪墊。但要記住，這種學習跟7歲以後進小學的學習是不同的！7歲以後進行的是邏輯性、記憶式、機械式的學習。5歲之後、7歲之前的孩子，還是得在遊戲過程中學習。5、6歲的學齡前兒童會主動觀察社會的現象，然後提出各種問題，這時候父母要及時滿足他的求知欲。建議父母這時候可幫孩子準備《十萬個為什麼》之類的科普讀物。關於科普方面的知識，可不能再隨便糊弄這年紀的孩子了。

　　另外，5、6歲孩子已經明顯開始發展邏輯、歸納的能力，這是學齡前兒童比較重要的心理特徵，叫做「抽象的」思維能力。所以，父母講述事情的來龍去脈給5、6歲的孩子聽，他這時候就能聽懂、聽明白了。

學齡前孩童心理特徵②：已具備成熟的會話性能力

會話性能力又稱為表述性能力，也就是口語的表達能力。孩子在3、4歲的時候經常無法說明白，但到了5歲的時候，他的語言表達能力就成熟了。3歲孩子，基本上是聽不懂也說不清楚，但他會不斷表達，很多時候根本就詞不達意，甚至直接採取哭鬧的方式。到了4歲，孩子的口語表達變得稍微有序化了。到了5歲，這年紀的孩子可以掌握大量的名詞、動詞、形容詞、副詞、帶詞、連詞、數量詞，基本上，他的會話能力就比較成熟了。

父母若想強化孩子的口語表達能力，在這個階段就要多跟孩子交流。透過大量口頭練習，孩子對於一些具體詞彙的應用可以變得更準確。鍛鍊遣辭用句的能力，也是為孩子將來入學做準備。但要記住的是，語言能力的培養絕不是死記硬背！父母們要注意了！這個時候也不需要讓孩子背唐詩、宋詞。只要孩子喜歡的內容，都可以當作父母們口頭交流的題材。千萬也不要在孩子5、6歲就教他小學1年級的語文、數學、英文。現在他的身心發展還沒到那個時候！他現在只是具備一些邏輯、抽象思考或概括的能力，只是剛開始的啟蒙階段，還沒到可以應用的時候。

這個時候，只要差一年，孩子的心智發展就會差很多。因此有些父母就著急了，自己孩子才5歲多就送到小學，有的6歲就送到小學。這也是不可以的。父母以為早個一年、兩年入學沒關係，「提早入學可以讓孩子比同齡人早一步贏在起跑線上。」才不是那麼回事！我們發現，提早一年在6歲就入學的孩子，和正常在7歲入學的孩子，發展完全不一樣，提早入學的孩子，在許多方面跟不上同學。他的自理能力、語言能力、思維能力、學習能力，跟足歲才入學的孩子差遠了。所以，孩子上學，寧可晚半年，也別提早半年！

有些孩子因為出生月分的關係，導致足歲入學會比同學年齡大幾個月，提早一年入學則又比同儕小個半年。這時，我會勸父母讓孩子晚個半年，等足歲了才入學。雖然晚個半年才上小學，好像比班上其他孩子稍微晚了點，但這個時候孩子的大腦發

父母教養便利貼：

培養5、6歲孩子的觀察力、認知力、語言溝通能力、判斷力、運動能力與抽象思維能力，都透過遊戲來培養。

育與心理發展在入學時已達到成熟的程度，孩子在校的各方面學習就變得很輕鬆。如果早半年入學，不管是大腦發育或心理發展都沒有達到成熟，硬跟就會跟不上。因為他比同齡學生來得小，他的情緒、認知、運動、判斷、語言等各方面能力都比同儕差，所以學業就會跟不上。這並不是說孩子聰明不聰明，而是他的大腦發育（硬體）就沒達到基本要求，硬適跟比他早一年發育成熟的孩子們拼，怎麼拼也拼不過，這時，孩子就會產生一種「別人很輕鬆就能學好、就能表達出來，自己就不行」的自卑心理。為什麼那些少年班（註）、資優班、天才兒童，很多最後都「小時了了，大未必佳」？這個社會都太著急了，不給孩子充分的發展機會。所以，千萬不能揠苗助長！

學齡前孩童心理特徵③：孩子個性已初步定形

什麼是個性？指的是心理狀態變得相對穩定，具有一定的傾向，整體來說這就叫做「個性」，

註：中國大陸自1978年起，北大、清華等多所大學開辦少年班，專門招收資優少年入學，後來相繼停止，目前只剩中科大每年招收約40位新生、西安交通大學130位。台灣的教育制度強調全人發展，只允許少數經教育部檢定的資優生才可跳級插班；而且，從小學到大學，每個學制最多只能跳級一年。

主要表現就是自我意識、性格、能力等心理成分，例如孩子的性格是否自我意識很強？還是較弱？甚至已經可看出孩子哪方面有天賦？比如，這階段的孩子有些會特別愛搭積木，他的空間想像能力就很強，因為他喜歡堆積木這類有助於空間想像能力的練習。有的孩子會特別愛踢足球，有的特別愛畫畫，有的特別愛跳舞，有的人別愛彈鋼琴……。總之，在5、6歲的時候，孩子就已經表現出他的傾向、特性與天賦了。

如果，5、6歲的孩子在專業領域或技能方面表現出極大的興趣，或者表現他有這方面的天賦，這個時候，父母可以針對他的興趣或天賦進行強化訓練的。比如，孩子喜歡書法，父母就給他找個好的書法老師。

強化是可以的，但前提一定是他感興趣。

「老師，父母先前不是說過：不可對學齡前的孩子進行強化訓練？」3、4歲的孩子需要橫向地廣泛嘗試各種體案，但孩子到了5、6歲的時候，性格就已經穩定了，這時，通過廣泛的接觸不同領域，就可以知道這個孩子在哪方面具有天賦。所謂的天賦，意思就是「我喜歡、我感興趣」。因為孩子在5

、6歲的時候，心智發展變得相對穩定，這時候就可以順應孩子的需求去進行強化。但，這個階段的強化，基本上都是空間想像的能力、運動能力、語言能力，或者邏輯、思維之類能力。

榮譽感、自卑感、嫉妒心、好強心，這些人格性格特質在5歲過後就開始凸顯。這個時候，父母該如何針對5歲、6歲的兒童進行有效的教育與引導？

學齡前兒童的教育原則①：要給孩子正面評價

針對5、6歲孩子的心理特徵與心智發展階段，這年紀的孩子正處於形塑性格與特質的關鍵時期，最需要父母給予正面的評價以及正確地引導。

要知道，3、4歲的孩子因為心智處於自我中心化的狀態，因而不能理解也不關心他人怎麼想，到了5、6歲以後就能感受到別人的想法。而且從大量的心理學實驗發現，孩子在7歲以前還沒有自我評價的能力。所謂的自我評價（self-evaluation），就是當孩子在思考「我是什麼樣的人？」的時候，他覺得自己具有怎樣的特性，比如「我是聰明的孩子。」「我是善良的人。」「我是勇敢的人。」「我是自卑的。」「我是無能的。」

孩子對自己的評價來自哪裡？來源就是父母，

特別是父親！

　　父親在這個階段給孩子什麼評價，會影響這孩子的一生。因為孩子在這個階段，他的個性開始逐步定型，他的性格趨向穩定。5歲以上的兒童無論是能力或天賦已經開始展現出傾向，他也有一定的判斷力，但是，5歲小孩還沒能力做出自我評價，他的自我評價就來自父母！

　　這個時候，父母就得非常非常注意，在這個階段要對孩子鼓勵、正面的、良性的評價，不要誇張地溢美，也不要貶低。

　　任何孩子到了5、6歲，一定會表現出某方面的天賦或優勢，同時也會看出他在某些方面會有些不足。比如，孩子可能很聰明、機靈，但膽子卻很小，欠缺勇氣。這時候父母應該怎麼做呢？尤其爸爸，要擅長發掘孩子的亮點，然後盡可能地強化這些亮點。「我的兒子最聰明了！反應快，腦袋又靈活。」

父母教養便利貼：

尤其是爸爸，要擅長發掘孩子的亮點，然後盡可能地強化這些亮點。

學齡前兒童的教育原則②：負面評價會羈絆一生

　　記住，爸爸對孩子的任何評價，哪怕是無心的一句，都會深深印在孩子心裡。如果發現孩子有弱點，比如孩子很膽小，不敢上臺、畏懼出頭，父母就要忽略孩子的缺點，不要去強化他的短處。比如，全家一起參加晚會，舞臺上的主持人說「有沒有孩子想上來表演一下的？」爸爸媽媽開始逼孩子：「怎麼不上去表演？你也會跳舞啊。」孩子因為害羞、膽怯而不肯上台，爸爸就著急了：「你膽子怎麼這麼小？怎麼如此沒有勇氣？膽子這麼小，還是不是我兒子啊！」這種話一旦說出口就成了評價。孩子就會認為「我膽小。爸爸很勇敢，但是我膽小，一點都不像他。」有時候，孩子做某事怎麼努力都做不好，或是因為缺經驗所以做得很差，爸爸發現後怒斥孩子：「怎麼會什麼都做不好？這點東西都做不好，還能做什麼？」這句話立刻就在孩子心裡下了一個魔咒：「我什麼都做不好，連最簡單的事我都做不好。」這就是評價。

　　「老師，我孩子就是不勇敢，就是不上臺表演，急死人了。」請父母不要著急，這階段孩子還沒準備好。父母愈著急，給他愈多負面情緒，乍看之下似乎是父母在激勵他，實際卻是在下魔咒。

有很多父母喜歡用負面激勵法來促使孩子成長，其實這種做法最不可取。比如，當孩子取得一些成就了，父母怕孩子因此狂妄自大，看著自己的孩子很優秀也不敢表揚，非要打擊他，好讓他更努力——這樣只會起反效果！特別是在5、6歲的學齡前階段，父母要不斷地鼓勵、引導、支持孩子。

給孩子正面的良性評價，這就是父母對孩子最強大的引導。千萬不要把任何負面評價丟給孩子，任何負面評價種在孩子心裡就成了「魔咒」，這個孩子長大後出了社會，將會用一輩子時間都破不了爸爸給自己下的魔咒。

在臨床碰過太多這種個案了！有些人各方面都極優秀，卻非常自卑。一般人無法理解，這個人是一流大學畢業的，無論履歷或職業也都非常好，但是他為什麼要來諮詢？想解決什麼困惑？

原來，這樣的人每天都生活在恐懼中，認為自己什麼都不是、很差勁……，父母一聽他說的都

第六章　學齡前兒童的心理特徵與教育訣竅

父母教養便利貼：

榮譽感、自卑感、嫉妒心、好強心，這些人格性格特質在5歲過後就開始凸顯。

覺得無法接受：這麼成功的人，大家都那麼嚮往，都那麼讚揚，都想向他學習，他怎麼如此自卑？怎麼會覺得自己什麼都不是，痛苦的不得了，抑鬱得很？

後來找到問題的根源，就發現基本都是在3到5歲的學齡前階段，他的父親就是給他這種負面評價，結果成了這個人的魔咒。結果就是一堆身心疾病。我們治療了許多這種人，有很多都是因為父親的評價。

學齡前兒童的教育原則③：評價不可單向或誇張

一般人評價自己的時候，能列出十幾條描述自己的特色。比如，我是有自信的人，我很有溝通能力，我勇於獻身，我有勇氣，我怎樣又怎樣……。父母現在列出的這些評價，是父母這麼多年來透過對自己的觀察才發現父母是什麼人嗎？通常不是這樣的。父母覺得父母自己是什麼樣的人，是父母在7歲前被父母父母定義的。

如果父母常誇獎自己的小孩：「我兒子可聰明了。父母別看他現在學習趕不上人家。但只要他努力，誰也趕不上他。」這種話就會深植在孩子心裡。孩子其實挺愛偷聽父母在聊天時提到他：「這

孩子其實非常聰明，他稍一用心就不得了。」父母
說出的這些評價，會轉化成孩子心裡的自我評價：
「我特別勇敢，又有智慧，勇敢卻不魯莽。」

　　一定要注意了，對孩子的評價和鼓勵絕不能是
單向、極端的。父母說孩子勇敢，結果他長大後變
成魯莽。要注意，特別是「聰明」這一點，光誇孩
子很聰明、很機靈，結果孩子就會自以為聰明而不
願努力。所以，父母在對孩子評價的時候一定要小

為什麼「父親」的評價對孩子一生很重要？

　　我為什麼強調「父親的」評價？因為孩子滿3歲以後會
非常在意父親的感受。

　　母愛是包容一切的，哪怕母親罵自己一、兩句，孩子也
不會在乎。但是，當父親輕輕指責一句，那就是打擊了。有
的父親嘴特別毒、特別愛損人。他對別人是怎麼難聽怎麼
說，怎麼打擊最強烈就怎麼說。他對自己兒子也這樣，天天
教育天天批評。批評孩子什麼也不是，全是負面評價，這孩
子的一生基本上就被父親毀了。所以一個孩子長大後是不
是身心健康，身心能否愉悅，能不能有成就？都是爸爸媽媽
共同努力的結果。

　　為什麼單親媽媽獨自一人帶孩子，這孩子長大後很容
易自卑、很難有自信，而且通常會對未來感到迷茫？這就是
因為他在學齡前的階段缺了爸爸這個靠山，沒有來自爸爸
的正面評價，因此他的心理有缺失，不知自己是什麼樣的
人。

心，要誇孩子聰明也要帶入努力這一點：「我孩子可聰明了，但是他對自己喜歡的東西會很努力。」

學齡前兒童的教育原則④：用正面評價引導孩子

如果孩子的老師不會這樣地給孩子評價，父母就要做好引導的工作。因為年幼的孩子還沒有自我評價的能力，但他從大人那邊接收的評價也不一定全然客觀。雖然我剛剛說過，不可以給孩子太過誇張的評價，但也別太壓抑而不給正面評價了。這時候，當父母的要學會引導。

父母對孩子的引導實在是太重要了！父母想讓孩子長大以後變成什麼樣子，父母就往哪個方向引導。比如，父母希望孩子長大後當個知識淵博的學者，那父母就經常往這方面引導，把自家營造出喜愛學習的氛圍：父母都喜歡看書，孩子自然就會跟著學。然後，父母就要不斷給孩子評價：「這個孩

父母教養便利貼：

父母對孩子的引導實在是太重要了：父母想讓孩子長大以後變成什麼樣子，父母就往哪個方向引導。

子的知識面可廣了，特別愛學習，就喜歡看書！」
不斷地評價，不斷地評價，一點一點就將他引導到
這個方向。孩子的心裡就種下了這樣的自我評價：
「我特別愛學習，我特別愛看書，我的知識很淵
博。」這就叫「良性的引導」。良性的引導對5、6
歲的學齡前兒童，非常重要。

132

第七章
7 至 12 歲兒童的
心理特徵與教育訣竅

7 歲是童年期的開端。但是，人到了 7 歲左右，
無論生理、心理、性格、個人特質，約有 80%都已註定。
後天環境的學習也僅能彌補剩下的 20%了。
雖說如此，後天學習仍對未來人生影響重大。
因此，父母要掌握這階段的發展特性，
為孩子提供最佳的後天學習方案。

7～12歲兒童教育五面向

按照國際慣例，孩子在成人之前可分成這幾個階段：母親懷他的時候是胎兒期，哺乳期到兩歲半叫做「嬰兒期」，兩歲半、3歲到7歲為幼兒期，7歲到12歲稱為童年期（也叫「兒童期」），12歲到18歲就是少年期，18歲以後統稱為「成年期」。成年之後又可分青年、中年與老年。國際上通常如此劃分人生的不同階段。

孩子在7歲的時候上小學、展開正式的學習。學校教育屬於後天的、有意識的學習。孩子在入學時，他先天的軟、硬體（心智發展、大腦皮質各區的神經連結），無論是體質、精神、性格、智商、EQ，基本上都已固定了。

兒童教育最注重的是7歲之前的階段。並非7歲之後就不重要，反而更需要掌握他的發展規律，才能正確地對孩子進行引導。

針對7歲到12歲的兒童的教育、教養，這裡分成五個方面來講解：

1.童年時期的身體發育特徵

2.大腦神經系統的發育現象

3.認知發展的規律

4.如何指導孩子的學習

5.如何正確地引導兒童的社會性成長

　　每個面向的教養或成長，都必須根據上個面向的基礎來進行，這五個面向每個都不可偏廢。父母必須先掌握了孩子在這年齡的身體發育、心理成長與認知發展的規律，才能正確地指導孩子的課業學習與社會性成長。

童年時期的身體發育特徵

　　從生理發育的角度來看，孩子到了7歲左右，身體發育的速度要比學齡前來得相對平緩一些，孩子的性格、精神狀態、情緒也比他在4歲至6歲的階段來得平和。

　　兒童生理發育的特徵①：換牙，全身肌肉與骨骼快速成長。

　　7到12歲這幾年，骨頭的生長速度會比肌肉來得快，孩子的身體可說是突飛猛進地長。因為孩子這時正處於快速成長的階段，平日要注意他的睡眠是否充足，也要透過運動來健身，多做些戶外運

動。同時還要補充鈣與維生素，尤其是微量元素，千萬不能缺！

即將進入青春期之前的10至12歲，更是體格、身高成長的巔峰期，無論手腳，或全身上下的肌肉與骨骼，生長速度都會變得更快。有時候孩子會因為身體長太快了，導致四肢與身體的動作不太協調。這是正常的，因為身體長得太快，有時候胳膊或兩腿長得較快，身體要找個平衡點，所以才會出現這種情況。

孩子在7歲左右開始換牙。乳牙脫落之後會長出永久性的恆齒，這也是身體發育的一段過程。

兒童生理發育的特徵②：成長燒是正常現象。

這幾年，有些孩子會莫名其妙發低燒，這種發燒不是因為受寒生病或感染所引起，情況也不怎麼嚴重。其實，這階段的孩子一年發幾次燒是很正常的，這就稱為「成長燒」。

成長燒是孩子正在長身體的一種訊號。孩子每發一次燒，骨骼就成長一次。因為骨骼快速成長對肌體來說是一種衝突，因此引起發燒。當孩子有些低燒時，別急著給他吃退燒藥，只要等過個兩～三天，有的孩子只需一天就好了。

兒童生理發育的特徵③：褪黑激素助情緒平穩。

這個階段要注重孩子的睡眠！

睡眠對孩子的成長有幫助。先前在談哺乳期的時候，就強調過孩子一定要作息規律，時間到了就入睡或起床。此外，睡眠環境也要保持黑暗，睡覺時不要開著燈，也不要拉開窗簾。因為現在城市鄉鎮基本上室內戶外都有燈光，睡覺時不拉上窗簾，也會被這些光害影響睡眠品質。

黑暗的睡眠環境，有利於孩子充分分泌褪黑色素。如果缺褪黑激素少，會引發以下兩個問題：

1.孩子成長的抑制性會被消除。也就是說，孩子會成長過快。成長過快，對孩子的身心健康與神經系統都有很大的損害。

2.褪黑色素是穩定情緒的重要激素。孩子長大之後的性情是否穩定，還是容易暴躁、喜怒無常，都跟他小時候的褪黑色素是否分泌充足有著直接關係。就人的發育階段來看，褪黑色素在孩子5歲左右的時候分泌量達到高峰。

了解大腦發育現象，順勢強化孩子的能力

孩子這時候的神經系統已發展趨至成熟。我們知道，成人的大腦平均重為1400克，兒童的大腦已

達到1280克左右，很接近成人的程度了。這時，孩子的腦神經細胞體積增大、軸突與樹突增多、神經纖維增長；基本上，中樞神經系統的髓鞘化（註）已經完善、成熟了。拜此之賜，兒童滿7歲以後，因為大腦發育成熟，能進行更複雜的思維、更精細的動作。

可以這麼說，孩子的思想、言行，在7到9歲這幾年還帶著童稚，到9至12歲就很接近成人了。

兒童期，大腦開始能掌握興奮與抑制的平衡點。

大腦對資訊信號的處理不外乎這兩種方式：興奮與抑制。大腦的活動規律有點像電腦的原始碼

睡眠品質對孩子成長的重要性

其實，從孩子出生之後到童年為止，每個階段都要注意孩子的睡眠品質。也就是說，從哺乳期開始就要注意孩子的睡眠。為了孩子的生命節律正常，睡覺的環境要保持安靜、黑暗，早上讓陽光喚他起床。當孩子在3至5歲（尤其是5歲）的時候，睡眠愈發重要！因為這個時候是他一生當中褪黑色素分泌的高峰期（也叫做「敏感期」）。5歲左右的褪黑色素分泌多寡，會直接影響到孩子之後的性格、精神狀態的穩定性。褪黑色素一直到7、8歲都位於高水準分泌的狀態。也就是說，5到8歲是孩子精神狀態是否穩定的關鍵期，睡眠在孩子成長發育過程中佔了非常的重要角色。

（Source code）0與1。0代表斷電，等於大腦的抑制。1是連接、通電，就是大腦的興奮。兩者之間要有平衡。當這個平衡達到了，人就會在各方面都很穩定，不管是身體成長、精神狀態、神經系統的協調、思維模式。都很穩定。如果，大腦興奮過度，就會焦慮、躁狂，不利於精神和神經系統的發展。過分抑制，人就會變得抑鬱、消極。人一不平衡就會出問題，所有的身心問題都出於大腦長期處於興奮和抑制失衡的狀態。尤其是大腦在7到12歲的這個階段，興奮過程和抑制過程會找到一個平衡點。大腦的抑制過程叫做「內抑制」，內抑制從4歲以後就開始出現，因此不像3歲小孩那麼地衝動、喜怒無常。

中華傳統智慧認為，身體之所以出問題，是因為陰陽不平衡。如果用西方科學的說法，就是大腦的興奮和抑制達不到平衡。興奮和抑制，就是陰與陽。而孩為什麼孩子3歲開始叛逆，而且情緒波動極大？就是因為孩子的大腦這時還沒發育到能夠掌控興奮和抑制的程度。在5、6歲的時候，大腦會試圖找出興奮和抑制的平衡，孩子就會透過身體來尋求

註：髓鞘化（myelination），意指髓鞘在神經元軸突往外形成的過程，這讓神經的傳導速度更快更穩定，腦細胞之間的聯絡更快速。

各方面的嘗試。等到7歲以後，大腦開始逐步平衡興奮和抑制了，孩子的身體與精神狀態因此開始處於平緩的過渡期。

從佛洛伊德的精神分析學來看，孩子在6歲以後就進入潛伏期。其實，大腦在潛伏期還在找出興奮與抑制的平衡，所以，孩子對性的好奇趨向平緩。12歲以後進入了真正的生殖器期，第二性特徵開始出現。從心理學來講，7到12歲這六年又叫做「潛伏期」，是為了12歲以後的向外呈現和發育做個準備。

從神經系統的角度來講，蘇聯的生物學家科學家巴夫洛夫研究人和動物的條件反射，認為大腦皮質（cerebral cortex）最基本的活動就是信號的活動；信號的刺激可分成兩大類：第一信號系統與第二信號系統（註）。直接的感官刺激屬於第一信號系

註：動物的大腦皮質擁有第一信號系統(First-Signal System，或譯為初級信號系統)，是現實裡像是聲光味覺等感官的具體刺激。第二信號系統（Second Signal System，或譯為次級訊號系統）是根據第一信號系統的資訊，具體事物或動作抽象化，變成語言陳述的能力。人同時擁有第一信號系統與第二信號系統。

註：條件反射（conditioned reflex），或譯為制約反射，簡單地說就是：透過重複多次的某種特定刺激（條件、制約），就會形成某種固定的行為（反射）。最知名的範例就是「巴夫洛夫的狗」這項實驗。

統。意思是，當人的感官受到刺激之後會在大腦皮質形成反射，這叫做第一信號系統。比如，人具體感受到聲、光、電、味道，是因為視神經、聽覺神經、觸覺神經與味覺神經受到了刺激。

第二信號系統，包含認知、分析、推理與決策等抽象思維的能力，最具代表的信號就是語言。這些訊號並非外界直接刺激感官所得，而是大腦把第一信號系統得到的資訊號經過中樞神經處理，才產生了認知、分析、推理等資訊。

動物只有第一信號系統。動物受到外界刺激，馬上就做出本能的條件反射（註）。人除了第一信號系統，還擁有第二信號系統；所以，當人受到視覺或聽覺的刺激之後，不會馬上就做出本能反應，而是會分析、判斷、推理，甚至在接收這個資訊以後進行再加工。只有人才能夠進行抽象思考，動物沒有這種能力。

父母教養便利貼：

3到6歲的孩子對異性的好奇，與大人追求、嚮往異性的好奇是不一樣的。孩子這時候對性的好奇是一種啟蒙，是孩子開始發育的表現，也是一種平衡狀態。

孩子在7歲以前，行為基本上都由第一信號系統主導，所以他就像動物一樣地全憑本能。到了7歲到12歲，孩子的大腦開始轉變；從第一信號系統為主，轉變成以第二信號系統來主導。由於第二信號系統不斷成熟，孩子的認知能力從這個時候開始也跟著不斷增強，他能夠更深入地認識自然與周遭世界，並且掌握當中的規律。基本上，第二信號系統對應的就是左腦，第一信號系統直接和右腦相連。動物以本能為主，所以右腦發達、左腦特別地弱。人類恰好相反，左腦比右腦發達。所以，想強化孩子的左腦的父母，就要趁著童年開始鍛鍊孩子！

掌握心智發展的規律，有效教導孩子成長

父母最重視的就是孩子的學習。孩子記憶、邏輯、思維在童年這個階段也有顯著的成長，也是培養這方面能力的黃金時期。先從學習的角度來看，童年期的兒童在心理上會出現那些特點。

兒童在學習方面的心理特點①：老師比父母更有影響力。

在7歲之前的學習，都是以觀察和直接經驗為主。從7歲開始，孩子的學習就逐漸改以間接經驗為

主。這年紀的孩童在很多方面都沒有直接經驗，但是，可以通過告誡或告訴他怎麼做是對的、怎麼做是不對的，孩子就不需要嘗試錯誤才能獲得知識和常識，這就叫間接經驗。

間接經驗的學習，要透過誰來引導呢？一個是父母，一個是老師。

直接經驗的學習以父母為主，由爸媽帶著孩子去體驗這個世界。但是到了7歲之後，學習變成間接經驗了，這時就以老師為主。因為，這階段的學習內涵和7歲前的也大為不同。7歲之前是沒有計畫的學習，既不會給孩子規定時間，也不會指定任務。但到了7歲上小學之後，學習就開始強化社會性的要求，孩子必須在有限時間內完成一定任務。所以，對7到12歲這階段孩子的學習影響力，無非是老師分量最大，父母的影響力則會減少。不過這時，孩

父母教養便利貼：

童年期（兒童期）在神經系統這方面的發展過程，就等於從動物本能向人過渡。父母要掌握孩子的生理發育特徵，再結合心理發展規律，最後再引導他的學習、認知與人際交往。

子的學習千萬不能採取全然放任的方式，在兒童期
這個階段就可以這麼要求且必須這麼做，只是父母
必須拿捏分寸，別做得太過分。

兒童在學習方面的心理特點②：開始對書本知識感興趣，並且會特別喜愛某些學科。

在這個階段，孩子的學習無論是狀態或傾向都
有改變。他們對學習的興趣，從外部的活動轉向了
學習本身的內容。因此在孩子7歲前要讓他大量地活
動、遊戲，並儘量選在戶外空間來進行，以便讓孩
子能與大自然互動。這就是透過外部的直接學習。

到了7歲以後，孩子隨著身體和心理的發育，
他的興趣點也跟著轉移。這時，孩子已過了那段喜
歡在屋外跟小朋友遊戲，在野外自己一個人傻玩的
階段。我們會發現，孩子開始對書裡的知識產生高
度好奇，這是因為他的心理發育在這個階段自然會
出現的現象。所以，這時我們要儘量多多引導孩子
從書本獲得知識。

在7歲前，孩子的學習沒有分類，孩子對什麼
都感興趣。但從7歲開始，父母會發現孩子對不同學
科有著不同程度的興趣。有的孩子喜歡數學、有的
喜歡英語、有的喜歡國語……，他在學習方面的興

趣和傾向就會有這樣的變化。我們若能掌握這些變化，就知道該怎麼引導孩子學習了。

兒童在學習方面的心理特點③：不再那麼喜愛玩遊戲了。

此時，孩子對遊戲的熱衷程度也開始逐漸降低。這過程可分成兩個階段。

7到9歲的兒童遊戲還是挺感興趣的，平時也還會做遊戲。雖然他這時已經開始對書本的內容產生興趣了，但他還是很喜歡玩遊戲。但是，9到12歲的兒童對遊戲的興趣會遞減。這時，他對更高層面的東西（比如，學習某類知識）會更感興趣。

童年是強化記憶力的黃金時期

記憶也是一門科學，記憶對孩子的各項學習與一生的學習都有很大的影響。

父母教養便利貼：

當孩子到了7歲的時候，父母可以開始主動對孩子下達一些帶有強迫或強制性質的要求。因為這個時候孩子的自我意識已經成熟了。

如果從記憶發展規律來看，孩子在7歲上小學的時候，數學記憶已經具備有廣度、深度，和足夠的記憶容量，且廣度已接近成人。可別小瞧這年紀的孩子，他的記憶容量在童年期的後期（9到12歲的時候）也接近成人了。雖然深度還沒有成年人那麼深，但已能進行有意識地記憶。

童年這階段的記憶能力有幾個特點。

童年的記憶特點①：開始發展有意識的記憶。

7歲之前，以無意識的記憶為主，7歲以後則開始發展有意識的記憶；到了童年後期（9到12歲的時候），有意識的記憶已經占了主導地位。

為什麼不要刻意讓在7歲以下的幼兒背誦唐詩、宋詞、弟子規或千字文？就是因為從大腦的發育來講，幼兒是以無意識的記憶為主，父母強行讓

父母教養便利貼：

父母對孩子的學習需要針對他的心智發展階段來給予不同的東西。以遊戲來說，在孩子7歲之前強化這一點，但7歲以後他自然而然就降低對遊戲的興致。等到10、11、12歲的時候再讓他玩那些遊戲，他就不太感興趣了。

他進行有意識的記憶，只會對他造成傷害，一點益處都沒有！孩子也記不住，也會此反感。因為那個時候大腦還沒發育到這個階段，父母不能強行這方面的訓練。

但是，當孩子到了7歲以後，父母就得盡量讓他進行有意識的記憶，因為這個時候正好是他「有意識的記憶」的敏感期、成長關鍵期。之前講過，只有當孩子的心理發育和身體發育到了合適的階段，父母再強化它某方面潛能，才會出現正面的效果，若孩子的發展還沒到這個階段，揠苗助長只會對孩子構成損害。

大量的心理學實驗都告訴我們：孩子過了7歲之後才迎來「有意識的記憶」。到了這個時候，父母就得強化他有意識的記憶、就得讓他背書。

古人6、7歲上小學，他們學些什麼？就是背。從識字開始，《爾雅》裡面描述每個字是怎麼回事，學生就得背下來。接著開始背《詩經》《孝經》《論語》的內容。琅琅上口就從7歲開始。因為這時候的記憶，已經發展到需要背誦來強化的階段。

童年的記憶特點②：開始出現有意義的記憶。

這時候，孩子的記憶還有個特點：有意義的記

憶。有意義的記憶開始在記憶活動占據主導地位。

　　什麼是有意義的記憶？例如，這時候孩子能理解某個名詞、某句話的含義了，並且依此記住這個名詞、這句話。

　　有意義的記憶，意味大腦在這方面的發育已經更有深度了。孩子在7歲之前的記憶沒有深度。父母給他講解《孝經》什麼意思、《弟子規》什麼意思，等於做白工。7歲之前的孩，很難理解某個詞、某句話或某段話的意思，因為他那時的腦袋還處於直觀的狀態，他也許能勉強記下某個詞或某句話，但還沒有能力去理解其中的意義。

　　所以，父母對3到6歲的孩子傳授家規、家教，只需告訴他怎麼做就行了，不需解釋那麼多。但到了孩子7歲之後，就得給孩子講理。古代小學的教育，除了識字，背誦《孝經》與《論語》，也開始講理了：《孝經》是理，孝乃德之本；《論語》是聖人語錄，告訴我們怎麼做人做事。到有意義的記憶，就從這兒開始！

　　西方的實驗指出，7到12歲的孩子對詞句、文章的抽象記憶，發展速度超過了形象記憶。也就是說，孩子在7歲之前對詞的理解，都只是形象記憶而

已，既不能總結也不能概括，所以他無法理解抽象的涵義。但到了7歲以後，就能理解這句話或者這個詞的抽象意義，他的記憶能力也從形象記憶過渡到以抽象記憶為主。

童年的記憶特點③：開始擁有記憶策略。

記憶策略對孩子的學習很重要。父母都想孩子想學得又好又快，首先得看記憶方面的程度。如果記憶有策略，就能把數學、語文這些基礎學科以最快、最有效的方式記牢，等於是一條捷徑。

記憶策略就是一種記憶規律。父母能不能找到這種規律，並在找到後就按照這個捷徑來記住事物，或加強原有的記憶。記憶策略的前提就是有意識的記憶。所以，父母沒法跟7歲以下的幼童談記憶策略。但是，對7歲孩子談記憶策略也太早！這時候他們雖能夠有意識地記憶，但有意識的記憶還只是萌芽階段。

進行記憶策略訓練的最佳年紀是8歲。讓孩子從8歲開始琢磨記憶的規律、自己去找出這個規律。當他開始找記憶規律的時候，父母和老師就得引導他、告訴他這當中有什麼規律，這樣就能讓孩子掌握這快速的記憶捷徑。

這種訓練大概需要兩年的時間， 10歲左右的兒童基本上就能夠自由掌握這些記憶策略了。

孩子7歲剛上小學一年級，先讓他適應學校的環境，不要馬上訓練。到了8歲左右的時候，他的身體發育、大腦發育已經達到了這個階段，就可以教孩子怎麼找出記憶規律，並且教他如何運用。教好了，強化好了，等到10歲左右孩子自然就會運用。

記憶策略對一生的學習都很重要。如果在童年就找出記憶的規律，並且不斷運用。長大以後就因為理解得深，運用得好，記任何東西都很快，這就影響父母一生的學習了。8歲開始訓練， 10歲就差不多成型了。

童年的記憶特點④：從八歲開始廣泛地進行大量記憶。

8到10歲，就是記憶策略的敏感期。因此就讓孩子背誦唐詩、宋詞、《孝經》《論語》等經典，英語、數學、乘法口訣、加法口訣……，讓孩子從記憶這些內容的過程中尋找它的規律，形成屬於自己且行之有效的記憶策略。

「這不會累壞孩子吧？」「育兒學不是要讓孩

子順其自然嗎？」順其自然，是在7歲之前的那些階段。從這個階段開始，就得開始強化孩子的記憶能力了。父母總是望子成龍，希望孩子以後能考上好大學，他這時進行這方面訓練是不行的。父母要知道，不同階段就有不同的強化重點，父母別擔心這年紀的孩子受不了壓力，以為「孩子這麼小，記憶力還沒成熟，可別弄壞了。」事實才不是父母想像的那樣。孩子上了三年級之後，他整個的記憶的廣度、深度與容量，都已經接近成年人、接近大學生的水準，父母擔心什麼？

孩子這時候學習各種知識如饑似渴，他這時候的大腦最需要灌輸大量的知識。但父母不要以為灌輸知識等同於填鴨式學習，就讓孩子每天早晚盯著數學課本、研究上頭的那一點知識。課本上的知識面對孩子來講太狹窄了，這個時候的孩子需廣泛地吸收知識，並且更深入去理解這些知識，然後如何將之運用。課本上的那些東西遠遠不夠孩子對知識的渴求度，所以，這時候的學習要廣、讓孩子背誦的內容要多元。

還有，這個時候的學習可不能全靠孩子的興趣。如果完全靠孩子的興趣來學習，孩子就會想偷懶、休息、躺著睡覺、不願上學，不願意參加集體活動。

「那，都順著他不行嗎？」前面的階段可以順著孩子，但到了這個階段就不能順了。如果父母對於孩子的任何學習都是順著他，孩子長大以後就是廢才，碌碌無為。要看孩子目前正處於在哪個階段，該放鬆的時候就放鬆，該自然的時候就自然，該強化的時候也必須要強化，這是做父母的責任。

童年是發展思維能力黃金時期

影響學習成效的，除了記憶，還有思維。

童年的思維發展階特徵①：中年級開始發展邏輯思維

如果從心理學家艾瑞克森的角度來看，童年期孩子的思維模式正值具體運算的階段。幼年期兒童以形象思維為主，到了童年期才開始從形象思維過渡到邏輯思維。

不過，童年期只是一個過渡期，還不能做到全邏輯的思考。這時候，兒童的邏輯思維多少還受

父母如何培養孩子的記憶策略？

學習不就是記憶、理解，然後將之運用？記不住會很痛苦，也無法進行下一步的理解和運用。所以，記憶策略很重要！

制於形象思維。也就是說，三年級以下的孩子，他的邏輯思維還得透過形象思維來支持，無法自動形成。

邏輯思維是什麼？簡言之就是抽象思考，包含了分析、判斷、推理、總結、概括等等。

人的思維能力需要訓練。為何有些成年人的邏輯很差，做事沒有條理，思考問題時沒法形成推理、分析、判斷與決策？原因就出在他7到10歲這三年缺乏相關的訓練與強化。

10歲是一個轉折期。如果前面訓練好了，孩子滿10歲以後就會以邏輯思維為導向。邏輯思維占優勢，對未來會很重要，因為現在的社會主要運用的還是邏輯思維。雖然設計、藝術、音樂等領域運用形象思維的機會比較多，但目前大多數的領域仍以邏輯思維為主。當然，最好是形象思維和邏輯思維兩邊都強，不偏執、不極端，這是最好的結果。

童年的思維發展階特徵②：中年級開始掌握抽象概念。

孩子這個時候也開始掌握概念，從事物的直觀屬性當中解脫出來，形成抽象概念。

孩子在7歲之前，就只是很單純地直接觀察事

物，取得一些很直接的感受與經驗。7歲以後，孩子必須學會將觀察到的直觀感受與經驗做個總結，然後形成概念。這個能力在學習過程中也很重要。

從大腦發育的角度來講，7、8歲的兒童因為還沒有能力抽取概念，他們只是從直觀的形象中直接地獲得認知，所以很難形成概念。但是，到了8～10歲這兩年，孩子開始會概括了，能把事物找出共通性與規律。所以，8～10歲就是形成概念的敏感期。如果想讓孩子長大以後在這方面能力很強，父母就必須在他8～10歲的時候強化這方面的能力。

怎麼強化？引導孩子將他觀察到的內容找出共通的規律。孩子必須擺脫以前那種直觀的形象思維，將資訊進行分析推理判斷決策才能概括成抽象的概念，這個過程就是形成邏輯思維的過程。孩子在10歲的時候，因為生理發育，他開始有能力概括。基本上，10歲左右的孩子，概括的能力、抽象思考的能力，已經和成年人差不多了。

在概括的基礎之上，進一步形成推理能力。推理能力也叫做「邏輯能力」。這個對長大以後的生活、工作都很重要。而且，推理能力是隨著邏輯能力而不斷提高、增強的。10歲以後才開始具備推理

能力。

在孩子8～10歲這幾年，不斷在推理、分析與判斷方面進行訓練，他長大之後就能擁有較強的推理能力。

平日可讓孩子多多去推理人、推理事、推理事物的發展，來達到訓練的目的。此外，數學運算也能培養孩子的推理能力。

童年的思維發展階特徵③：可透過數學來強化推理能力。

數學都是抽象的概念：數字守恆（註）、長度、容量、面積、時間等。這個時候可以加大孩子在數學方面的訓練，當孩子練習抽象概念的同時也強化推理能力。

孩子是在什麼時候具備數學能力的呢？6到8歲的孩子已經有了數字守恆和長度守恆的概念；7到9歲開始明白液體守恆和物質守恆。8到10歲開始了解面積守恆，11至12歲能掌握容積守恆。

註：數字守恆，台灣亦有人譯為「數字保留概念」。兒童心理學家皮亞傑(Jean Piaget)發表的認知發展論（cognitive theory）。

什麼叫做「數字守恆」？1+1＝2，2-1＝1，這就是數字守恆。什麼是「容積守恆」？把相同分量的水，倒入在寬口的矮杯，跟倒在窄口的高杯，雖然水在這兩個杯子裡的形狀不同，窄口杯的水面很高，寬口杯的水面很低，但是，7到九歲孩子就知道這兩杯水的容積是一樣的，這就是容積守恆。

　　孩子的硬體還達不到學這個的程度，就不可以提早教。一般來說，孩子要到7歲以後才開始有這些守恆的數學概念。所以，小學課本也都按照孩子的心智發展進程來安排學習內容。

　　中國古代在孩子多大時教他們九數（數學）？都是在7歲以後。各種乘方、面積與體積計算，幾何的計算，長度的測量，都屬於九數裡面的內容，也就是現在的數學課本裡的內容。古人會先學《爾雅》、《孝經》與《論語》，之後才學九數。所以，數學基本上要10歲以後才開始學。

父母如何培養孩子的記憶策略？

課本上的那些東西遠遠不夠孩子對知識的渴求度，所以，8到10歲的學習要廣、讓孩子背誦的內容要多元。

7到12歲這個年齡層，有很多方面值得探討，以上僅從學習、認知的角度列出幾個重點。當父母理解孩子的心智發展進程，順著根據他的生長規律來教化，孩子不但學得輕鬆，這些內容也正是他這年紀感興趣的，學起來就事半功倍、效果加乘。

趁著社會性發展的敏感期，形塑良好習慣

　　什麼叫做社會性的發展？人是群居動物，孩子滿了7歲去上小學。上學就是進入一個團隊，這個團隊會對孩子要求社會性的規則與規範。社會性的發展涉及到孩子的心理發展狀態，我們從自我意識與自我評價這兩方面來切入這個議題。

兒童期的社會性發展①：自我意識已成熟。

　　自我意識大概在3歲左右的時候開始萌芽期，在7歲的時候已經趨向成熟。孩子在滿7歲之後，就已經有了自我的概念。7歲之前那個朦朧的自我，在7歲左右過渡到擁有具體化和絕對性的自我。這個自我，主要會表現在自我評價。

兒童期的社會性發展②：自我評價已建立。

　　7歲前的孩子無法對自己做出評價。但在7歲以後，會逐漸將外部的評價過渡到了心裡，形成自己

心中的內部評價。但在7到12歲的童年期，這種自我評價仍深受外部很大影響。

孩子在7歲之前，他的自我評價可說是完全接收了自己父母（尤其父親）對自己的評價。但到了7到12歲的兒童期，外部評價主要來自老師，老師對兒童的評價影響非常重大。這個時候，老師對他的評價和影響力都要超過父母。

所謂的自我評價，其實又涉及到孩子的道德評判。孩子的道德評判分成幾個階段。四到7歲的孩子屬於他律道德評判的階段。幼童受自身以外的道德評價的支配，對自己的行為沒有所謂的好壞判斷、沒有道德性的評價7到12歲的孩子已經到了自律道德評判的階段。他知道對錯，合不合理⋯⋯，並開始自律。

從大量心理學實驗的結果，我們知道，八、九歲是好孩子的定向階段。八、九歲的孩子傾向做個聽話的好孩子，他會努力去達到符合好孩子的狀態，然後獲得關注、認可與獎勵。如果這個時候他努力做了卻得不到相應的回饋、關注或獎勵，他就可能會以一種反向的行來為獲得，這就叫反社會人格。逆反都是從這個時候開始的！所以，孩子在這

個階段就需要正向的評價，父母滿足他這個需求，他就會良性發展，朝著一種符合社會規範及法律規定的方面去發展。

知名的心學家艾瑞克森做過不少關於人格的實驗，主張人格的發展具有階段性和連續性。

7到12歲的童年期的發展任務，主要就是獲得勤奮感、克服自卑感，這個階段也是形成良好人格特徵的關鍵時期。

童年期的人格特徵①：自律、勤奮。

小學7到12歲正是形成勤奮這個良好學習習慣的時候，也是形成有意識的自律的階段。父母要在這方面強化訓練，有時甚至可用強迫的方式。一旦孩子在這個階段形成了良好的學習習慣與自律，長大以後就不用再管，他讀國高中、大學，長大出社會工作，自然就會自律、表現出勤奮的良好習慣。如果這個時候放縱，孩子想睡到自然醒就自然醒，想學就學，不想學就不學；他長大以後就會邋遢、無組織紀律、無法自律，過於惰性、鬆散、懶惰。就算定了目標，也會因為沒有勤奮的好習慣來完成。

在形成人格的這個關鍵期，各方面環環相扣。艾瑞克森的人格論也吻合思維能力、認知能力、大腦發育、心理狀態的發展過程。比如，什麼叫做克服自卑感？兒童這個時候來到學校，小學老師要看到孩子的優點和長項，多鼓勵、少打擊。千萬不要用一些惡言惡語來否定、打擊孩子。因為這個時候是7到12歲孩子形成良好人格品質的關鍵期，所以要多進行正面教育、給予正面引導。

古代的小學在孩子7到12歲的階段，讓他們學《孝經》與《論語》，為的就是要明人倫。孔子說：「孝乃德之本，教化之所由生也。」教育第一步要達到的就是明人倫、做好人，成為一個對國家社會都有貢獻的君子。從7歲開始就有意識地訓練，

父母如何培養孩子的記憶策略？

我們為什麼要知道幾歲到幾歲開始發展某種守恆概念？父母要知道，在哪個階段教孩子哪方面的知識或能力，不能過早教，也不要錯過學習的黃金期。比如，孩子在7歲開始形成對數字與長度的守恆概念，父母不能5歲就教這兩件事，他會無法理解，因為硬體跟不上（大腦發育還沒達到這階段）。所以，5歲就讓孩子上小學，跟7歲的孩子一起學數字、長度、容積、體積，那豈不是害孩子嗎？

這叫教化。古人制定的整套教化體系，現在來看完全符合西方的心理學、生理學、腦神經科學得出的結論和資料。

童年期的人格特徵②：開始學獨立。

7到12歲的孩子在親子關係方面有什麼特點。孩子滿7歲以後，和父母的關係發生了變化：父母對兒童的控制力大不如前。

7歲以前，父母對兒童擁有絕對的控制。7到12歲，父母和兒童的關係變成共同控制，父母得跟孩子商量。因為這時候孩子自己有主意了，不能完全讓父母做決定，所以要共同控制。

父母要拿捏尺寸，不能在孩子7歲之前完全控制他，到他已經7或12歲的時候還是完全控制，這樣會導致孩子產生逆反心理，因為這時候孩子要獨立，他已經有自己的意識和主見、觀念、觀點了。所以，父母要尊重孩子，這叫做共同控制。如果這時候父母不能完全放手，或是完全讓孩子自己做決策，這也不可以！當然，孩子這時候也無法做決策。因為這只是在他獨立與非獨立之間的過渡期。父母在這個時候，要支持孩子獨立、鼓勵孩子自己做決策；同時，父母也要從旁協助孩子，跟孩子共

同制定。拿捏好尺寸，既要尊重孩子、相信孩子，同時又要幫助他。至於對待12歲以上的孩子，就儘量讓孩子自己做決定。

童年期的人格特徵③：在意自己與同儕的關係。

這時候，孩子和同伴的關係也開始發生變化。

7歲之前都只是玩伴，談不上朋友。到了7歲以後，孩子就開始重視同儕、注重自己在同儕當中的地位。孩子這時已經有這樣概念了，而且，年紀愈大，愈重視同儕和自己在同儕中的地位。

父母怎麼因應關於孩子的學習、身體發育、心理成長的變化呢？因為這篇已做了一個框架性介紹。父母只要站在這個基礎之上，掌握住「在哪個階段怎麼做」的基本原則，就能達到到目的。

7到12歲的孩子，大概的發展過程就是上述這些。西方的心理學、生理學、腦神經科學都對這階段的孩子做了大量的實驗，有很多的實驗資料和結論，但礙於篇幅所限，不能在這裡一一提到。只能針對最關鍵的一些要點做些簡介。

同儕關係三個階段

同儕關係也有階段性。按照西方心理學的劃分，同儕關係能劃分成三個階段。

同儕關係階段①：小學一年級，依從性集合關係期。

依從性集合關係期，基本是小學一年級。集合，就是群體的意思。當孩子上了小學、進到學校或班級這個團體之後，他要依從誰？依從老師，因為小學的權威人物就是教師。小學一年級的孩子最聽老師的話：不敢遲到、不敢不交作業……，為什麼？因為害怕老師、遵從權威，這就叫依從性心理，相當於把老師當成了父母的延伸。所以，這個階段就是一種絕對的遵從權威的狀態，只是，孩子遵從的對象已從父母過渡到老師了。

同儕關係階段②：小學二到四年級，平行性集合關係期。

平行性集合關係期，差不多是在小學二年級、三年級與四年級的年紀。孩子這個時候關注的是小同儕，以及他自己在小同儕當中的地位。比如說，如果小同儕當中有個小頭目，他也是有一種平行性的依存關係，因為這年紀正好是在過渡期。

同儕關係階段③：小學五、六年級，整合性集合關係期。

第三個階段，五年級、六年級，叫做整合性集合關係期。孩子在這個時候最關注的是：自己在小同儕這個集體裡的威信與地位。父母會發現五、六年級的孩子開始有這方面的欲求，開始爭了，開始關注自己在這方面的表現。

第八章
國小階段孩童的心理特徵與教育訣竅

---

7 至 12 歲的童年期，

孩子每一年在課業學習、人際關係等方面都有著明顯變化。

剛入學時，孩子在班上惶恐不安，

適應之後可能變得調皮搗蛋，

然後在高年級的時候開始想出頭當領導。

學習方面，從心思無法專注到興致勃勃什麼想學，

最後會主動要求自己拿好成績。

短短六年，孩子從幼童過渡到少年少女，

也為將來一生與即將到來的青春期做好打底鋪墊。

源自中華文化的 7 ～ 12 歲童蒙教育

7至12歲的童年，從學習角度和人生成長過程來講是非常重要的。中國古代把這個階段的教育稱為「童蒙」。童蒙這個詞在西周的時候就有了，當時已經出現一整套成熟體系、劃分出數種專門學科，針對兒童進行有系統的教育。這種童蒙只有中華古代才有，西方當時沒有，直到近代才出現類似的概念。

我們在講7歲之前的教養、教化、育兒之道，都是套用是西方的心理學、腦神經科學、胚胎學、營養學的資料和科學實驗的結論。那麼，中華古代在這方面有沒有專門的論述或專門的育兒方法？其實有，只是內容非常簡單：就是順其自然，掌握天道運行之規律。

所謂天道運行的規律，也就是指：兒童在成長、發育的過程要順應自然，不強迫、不過度強化，就是遵循這麼簡單的大道之理！

若說到真正對孩子進行有意識的教化，古代的兒童教育非常嚴格。對3歲孩子開始進行家教、7歲入學。早在 3000年前就已經了一整套的啟蒙教育內容，這是非常難能可貴的。但現在沒有了，現在中

華已經把古代的這套精英教育的東西拋棄了，我們一味向西方學，又沒有學到西方好的地方，基本學的都是糟粕，這是非常可悲的。

在上一章已經把兒童期的身心發展過程做了一個概括性介紹，這章想以分年的方式，按照7歲、8歲、9歲、10歲、11歲、12歲的框架，逐一介紹孩子在各個年齡的認知特點、心理發展特點，以及父母與這年紀孩子進行溝通、引導、交流的重點。

小學一年級（7歲）孩子的特點與教養要訣

7歲正是就讀小學一年級的時候。這年紀的孩子，他的認知會有什麼特徵？7歲的孩子的思維能力還沒有獲致完善，但他在此之前已經逐步形成了直觀、具體的形象思維能力，並在這個時候開始有了邏輯思維。

在心理的特徵方面，7歲孩子開始上學了，他對學校生活充滿了好奇卻又不太習慣。學校與班級

父母教養便利貼：

1歲多至3歲左右的孩子開始有點懂事了，父母們對孩子的批評、懲罰與支持、鼓勵之間的關係，就要非常注意。

就是團體，也就是小型的社會。孩子每天離開家、步入社會去學習。有些孩子在7歲入學的時候，哭鬧著不去學校、害怕陌生的環境與人，不知道怎麼跟老師相處，不知道怎麼跟同學相處。但等他適應之後，7歲孩子卻又展現出好奇、好動，非常喜歡模仿，上課時很難專心聽講等行為，讓大人深感頭痛。

還有，這年紀的孩子，心理上會特別依賴、特別信任老師。因為這個時候孩子會把他對父母（尤其是對母親）的依賴與信任，轉移到老師身上。所以，這時候老師對孩子的影響及評價，就會變得非常重要。

父母和7歲孩子的溝通重點，包含以下要項：

教養7歲孩子的要點①：給他時間去適應學校生活。

當你的孩子剛上學的時候，可能有老師會反映他不專心聽講、 說話。這是很正常的現象。父母這時候不要嚴厲批評孩子、指責或強行要求，要給孩子一個適應的過程。有些孩子剛上學就適應了，有的擇要過一段日子才會適應，這都正常。

教養7歲孩子的要點②：培養學習的良好習慣。

這點很重要！比如，要求孩子在學校上課時認真聽講、回到家就立刻寫作業。回家之後第一個任務就是寫作業，寫完老師指派的當日作業是最基本的。寫完作業以後，孩子想要怎麼玩兒，都沒有問題。

教養7歲孩子的要點③：要引起孩子對學習的樂趣。

引導孩子引起對學習的興趣，不要用任務壓他。一旦用任務壓，孩子就會頓失興趣；沒有興趣就沒有學習的驅動力，孩子就會不愛學習。

一年級的學業還沒那麼沉重。父母可趁這一、兩年，廣泛培養孩子的學習興趣。聽好，是廣泛而不是深入！千萬不要過分地強化、深入學習某門學科（比如數學、語文或英語），沒有必要！這時要廣泛地培養孩子的學習興趣。7歲的孩子已經有了求知欲，他會因為好奇心的驅使，導致他想學習。所以，我們這個時候要注重的是他的知識面的廣度，而不是深度。

小學二年級（8歲）孩子的特點與教養要訣

8歲的孩子在認知方面的最大特徵，就是他的思維能力要比7歲時幾乎只靠直觀的、具體的形象思維更進一步了。我們會發現，孩子升上二年級之後，似乎一下就開竅了，突然就能懂很多，這就是他的邏輯思維能力有了大幅提升的表現。

從心理特徵的角度來看，我們要注意8歲孩子這三個方面：

教養8歲孩子的要點①：師長父母盡量給予正面評價。

8歲是孩子形成「有意識的自信心」的關鍵期。孩子在哺乳期的時候，終生的自信源於媽媽第一次餵奶即時滿足他的身心需求，因而在他心裡深處形成一種心理定勢。到了8歲的時候，孩子的自信來自外部的評價、社會的認同，這就屬於外化的自信了。

這種自信來自於外部的評價，所以，這個時候父母的鼓勵與老師的讚揚和鼓勵，對這個孩子的一生都會有最直接的影響。而且，這時候老師的影響力超過父母。甚至，有時候老師不經意一句話，就影響這孩子的一生。比如，某次孩子發言口齒伶

俐，表達特別通暢，老師就說「你是一個演講的天才！你是一個演說家的料子，長大以後一定能成為演說家。」這麼不經意的一句話，可能就種在孩子的心裡，他以後永遠都會形成這種烙印，他可能就會在這方面盡量取得優異成績，甚至直接影響他選擇未來要從事的職業。

這個時候小學老師要注意了！8歲是奠定孩子一生自信心的關鍵期。當然，父母也要注意這一點，但這個時候父母對孩子的影響其實已經變弱了，反而是老師在這個時候顯得非常重要，老師的話能印刻在孩子心裡。一個好老師能夠造就一大批天才，尤其是小學老師。

教養8歲孩子的要點②：即使再好動、愛玩，也要養成良好的學習習慣。

8歲孩子的第二個心理特點就是情緒波動比較大，很容易衝動，自控力不太強。這年紀的孩子好動又容易衝動，所以民間有句話「7、8歲，討狗嫌」。因為孩子好動到一時一刻都無法安靜，大人陪不了，狗也受不了，而且情緒還有波動，這就是8歲孩子的特點。

針對這樣的認知能力與心理特徵，我們在跟8

歲孩子溝通交流引導的時候要特別注意他的學習習慣。孩子現在已經適應學校了，但是他在學習方面的習慣還在可塑的階段。要讓7歲、8歲的孩子養成良好的學習習慣，讓一些好的習慣從可塑性，逐步固定成固著性。8歲（小學二年級）就是學習習慣即將定型的重要轉折點。

如果從7歲開始培養良好的學習習慣，基本上在8歲就能定型了。我們說，父母要引導孩子學習，其實父母在孩子學習過程中真正能起作用的時候就是孩子讀小學一、二年級的階段。

父母這時能發揮兩種作用：一、陪著孩子，幫他養成良好的學習習慣；二、透過互動引導孩子擁有廣泛的學習興趣。

父母對孩子能否養成良好的學習習慣，能發揮關鍵作用！這個時候，父母能讓孩子完全靠自己來學習，因為他這時候的生理發展還無法讓他形成自律。所以，學校老師要在上課時要確實盯著學生，強制要求他上課要專心。等到孩子回家了，這方面的管教就靠父母。父母要盯著孩子按時按點甚至提前寫完作業。通常，一年級的時候還需要父母盯著，直到二年級，之後就不需要怎麼管，因為孩

子經過一兩年訓練，它的學習習慣已經定型了。總之，在一、二年級的時候必須讓良好的學習習慣逐步地定型下來。

教養8歲孩子的要點③：培養對學習的興趣，不要落入分數主義的窠臼。

父母和孩子要經常互動、溝通，並藉此引導孩子廣泛的學習興趣。一二年級孩子的興趣很廣泛，他可能看到別人打籃球，他就想參加籃球班或跟別人打籃球。其他例如游泳、繪畫、音樂、朗讀、舞蹈、戲劇，他都可能有興趣。這個時候，父母就給他報名各種課程，讓他擴張學習領域，千萬不要把孩子釘在書本上！

書裡的知識範圍太窄了，天天盯著孩子有沒有看教科書，盯著他考試的分數是不是高分，這是沒有意義的！因為這個時候的孩子考試分數高低與否，可塑性非常強，父母不要從他才小學一、二年

父母教養便利貼：

父母這時能發揮兩種作用：一、陪著孩子，幫他養成良好的學習習慣；二、透過互動引導孩子擁有廣泛的學習興趣。

級就開始盯分數，90分、95分還是100分，幾分的差距不過也就是一道題的對錯而已。寫考卷時稍微不注意可能一道題就錯了，但並不代表孩子不會。

很多父母對分數特別執著，一定要孩子考100分。但是，這樣子反而會徹底磨滅孩子對學習的興趣，這是非常可怕的。其實，求知欲、好奇心、想考高分，這都是孩子的本能驅動，所以，不要打擊他的本能，不要過分地要求他。

這個時候父母要注意了，孩子在校專心上課，回家之後寫作業，寫完作業了就可以讓孩子進行他自己感興趣的活動，孩子能在各種活動中學到各種知識與能力。以上就是8歲的孩子的教養重點。

小學三年級（9歲）孩子的特點與教養要訣

以前好不容易養成的學習習慣，在三年級出現反復。父母必須知道這是正常的，不必太焦慮。這時候就需要高度耐心來不斷糾正孩子。但你在糾正時也要清楚：這就是9歲孩子的正常狀態。

很多父母在這個時候就受不了：「他這些數學題都會，就是粗心！本來他應該考90多分的，最後變成70分、60分！」父母很生氣孩子變得馬馬虎

虎。甚至，有些孩子這個時候開始變得磨磨蹭蹭，什麼良好的學習習慣全都沒了。

要知道，9歲也被叫做「童年期的轉折期」，孩子在這年紀會很不穩定。從心理特徵來講，這正是情感發生變化的轉折時期。

教養9歲孩子的要①：父母要平靜、有耐心地陪孩子度過9歲這個不穩定的轉折期。

7、8歲的孩子，無論是情感、情緒或感知都會明顯外露，情緒也不穩定，特別好動、特別好奇。到9歲的時候，原本淺顯、外露的情感與情緒會不自覺地向內轉折（內化），變得沒有那麼外露了。這時。孩子的情感會朝向內化、自控、深刻以及自覺這幾個方向來發展。不過，在9歲的時候，這些情感、情緒或感知才開始轉化，孩子在人際交往的過程中，因為情緒控制還處於轉折期，無法做到完全自控的程度，所以這時候的孩子就是反復無常。比

父母教養便利貼：

父母面對9歲孩子的不穩定表現，要做到這三點：陪伴、有耐心、給時間。

方，他的學習習慣就會改變。孩子可能在一、二年級的時候非常喜歡上學，到了三年級突然逆反，不願意上學了，不願意跟同學交往了，反而特別喜歡自己出去玩、跑、跳。

三年級孩子會開始有些反反復復表現，這很正常。父母要平靜且有耐心地陪他度過9歲轉折期。

在這個時候要注意和孩子的溝通、交流，一定要有耐心、要給孩子時間，父母自己不要焦慮，要平靜地、有耐心地陪伴孩子度過情感的轉折期。這個階段過去了，情緒、情感就會開始相對穩定了。

教養9歲孩子的要點②：特別注意孩子在校的人際關係。

孩子在這個階段也可能會開始出現困惑和困擾。比如，他與同學的人際關係、交朋友的過程有了困擾；而且，隨著困擾愈來愈多，孩子在處理問題的過程就會有種無力、甚至不安的感覺。所以，父母要特別注意9歲孩子的情緒、情感變化，關心孩子在學校的各種活動，並且要有耐心去引導孩子解開他在人際交往過程中遇到的各種困惑。

小學四年級（10歲）孩子的特點與教養要訣

孩子大約在10歲左右升至小學四年級。 9至11歲是大腦成長的一個關鍵期，大腦這時正好處於內部結構和功能即將發展完善的關鍵期。大腦最後的功能，就是在9至11歲這個階段變完善的！這個時候，孩子的邏輯推理能力基本上已很接近成人了，這時大腦的發育，在重量上也達到1400克左右，很接近成人的大腦重量。基本上，大腦最後的發育、整個功能的整合，就是在9至11歲。

那麼，10歲左右的孩子的心理特徵有哪些？ 10歲左右的孩子更加有自己的想法，自己有主意了。他同時還有一個很顯著的特徵：從被動學習逐漸過渡到主動學習，但是他會碰到很多問題。比如，在人際交往的過程中，他辨別是非的能力很有限，又非常欠缺社會交往的經驗，所以這個時候他會碰到很多問題：很多時候他會不理解朋友的做法：「某人為什麼這樣做事？」也會經常在對錯方面特別較真。這個時候需要父母耐心引導。

父母在這個階段跟孩子的溝通重點在哪？

教養10歲孩子的要點①：他已經知道自己的喜惡，要給他選擇餘地。

首先要知道這個階段的孩子學習的狀態：他的知識點開始增多、他感興趣的知識領域變得比較廣、他知道自己喜歡什麼。有的孩子喜歡天文，有的喜歡物理，有的喜歡化學，有的喜歡各種小實驗，有的特別喜歡搭空間玩具，有的喜歡看某類的卡通。10歲的孩子已經知道自己喜歡什麼了。這時候父母給他買玩具、書籍，他就會開始有選擇，不再照單全收了。

教養10歲孩子的要點②：陪著孩子一起在課業與人際關係中成長。

此外，父母在陪伴或引導10歲孩子的時候，要細心去注意他們的學習過程有無出現任何問題。如

父母教養便利貼：

10歲的孩子，自我逐漸形成，但個性還沒有完全穩定，辨別是非的能力依然比較弱，社會交往的經驗又特別缺乏。因為他不知道怎麼定位自己，又不知道怎麼跟小朋友很好地溝、交流，所以10歲的孩子會有很多的困惑。

果孩子有人際交往之類的社會性問題，就要立刻給他耐心解決、教他怎麼做，或者跟他一起想辦法去應對，幫他分析。父母在這個階段也要注重陪伴。

小學五年級（11歲）孩子的特點與教養要訣

11歲大概是小學五年級的年紀。小學五年級的孩子在認知方面的特點是什麼呢？這個階段的孩子會有意且非常頻繁地接觸自然和社會這兩門學科。他會因此很想參各種相關活動，比如，學校主辦一些像是到農場摘水果或體驗夏令營之類的活動。

孩子這時的明辨是非能力已經有了很大的提升，他知道自己遇到什麼問題，他的邏輯思維能力也大幅提升到接近成人的程度。雖然已經有了思辨與邏輯，但是他卻很缺乏實踐經驗，所以，發現問題的能力是有了，解決問題的能力卻很缺乏，這個時候的孩子就處於這樣的矛盾期。

這個時候，孩子心理會出現哪些明顯特徵呢？我們發現，小學五年級的孩子競爭意識開始增強了。他會不甘落後、喜歡競爭或比較。這年紀的孩子比些什麼呢？孩子這時候開始關注學習成績，會對學習好的同學產生敬佩；孩子想在這個群體裡出頭、想做領導了，他開始關注誰跟他競逐班級幹部

的職位……。這些都是自發的，不是大人教他的，孩子到了11歲左右，自然就會有這樣的想法。只是有些孩子表現很明顯，有些孩子藏得比較深。

孩子到了這個階段，獨立能力也變得比較強了，他開始自發性地組成小團體。同儕、朋友對孩子的影響力也逐漸加強，漸漸取代老師的影響力。12歲以後，則變成偶像和同儕的影響力最大。所以父母要注意11歲左右的孩子的交往狀況，特別是和什麼樣的同儕接觸很重要了。這時的孩子在心理特徵方面自控的能力也逐漸增強。

根據這個階段的認知的發展以及心理的特徵，父母要怎樣和孩子有效地溝通？要注意以下幾點。

教養11歲孩子的要點①：鼓勵孩子保有進取精神，別潑冷水。

五年級的孩子在這個階段想出頭，想有所表現，父母要鼓勵他保持這份積極向上的進取精神，不要打擊他。所謂的打擊，包含了灌輸他一些關於出社會之後會遇到的的負面人際關係或是人的劣根性；灌輸一些如何自我保護、自我防禦的概念是好的，但若講太多也是一種打擊。

很多父母由於自身的恐懼，就會跟孩子傳遞這樣的觀念：「出頭的椽子先爛、槍打出頭鳥。」「跟別人競爭，不要公開，否則恐怕會遭受人家嫉妒、打擊！」這個時候，父母要注意你自己的恐懼和負面觀念，千萬不要在這個階段灌輸給孩子這些而影響到孩子的積極進取。父母要正面引導。

教養11歲孩子的要點②：鼓勵孩子在團體裡出面做事。

同時還要鼓勵孩子出頭做事，一旦做了就要堅持。孩子這個時候已經有自我意識，也有自控能力了，父母要鼓勵他、儘量多地讓孩子參與社會活動，參與各種挑戰、參加一些探索大自然的活動。

教養11歲孩子的要點③：鼓勵孩子參加各種活動以拓展視野。

孩子的這個階段也是他個人參與社會、認知自然的關鍵期。這時候培養他的視野有多寬廣，他的格局就會有大！所以，家有小學五年級的孩子，家長應該讓孩子在課餘時間儘量參加各種夏令營、旅遊團，參觀各種博物館，不斷地讓孩子接觸天文、

地理、歷史等等，擴展他的興趣，並且鼓勵他去挑戰。這些都是父母配合孩子在這個階段的發展要做到的支持。

小學六年級（12歲）孩子的特點與教養要訣

小學六年級12歲左右的孩子已踏入青春期的前端。過了12歲，就正式進入青春期，結束童年。

12歲是介於童年和少年少女的過渡階段。這個時候孩子的心理特徵會表現在這幾個方面。首先，孩子這個時候記憶力明顯增強，注意力也明顯變得更集中。他的抽象思維和邏輯能力已經很接近成人了。基本上，自我意識、自我評價和自我學習的能力，也達到成人的狀態。基本上，12歲孩子的心智都已經成熟了。

在心理發展方面則會出現以下特徵。這時候，孩子已經形成了個人的性格和人生觀。小學六年級的12歲孩子已經對世界有了自己的認知與看法，他的個性跟性格已經穩定下來，不再反覆變動。

性格的形成，最早是在7歲前就已底定，但到了7歲至9歲這幾年會有變動，然後逐漸完善。到12歲的時候，性格基本上已經固定成型了。這個時候

的孩子不僅關注自己的學習表現，同時也關注自己的身心健康。

如果在童年期心理受到創傷的孩子，他在這個階段會知道自己是痛苦的，甚至有些孩子知道自己心理有問題，甚至想調整這些心理問題。我們在做臨床個案的時候，發現小孩子主動提出要做心理調整的，基本都在12歲左右。太小的孩子欠缺這方面自覺，到這個年齡才有可能主動尋求心理健康。

在這個階段，父母和老師跟孩子的溝通重點在哪裡？這個時候要特別關注孩子的心理變化。

教養12歲孩子的要點①：隨時注意孩子的心理狀態。

剛才說12歲左右的孩子已經懂得注意自己的心理是否健康了，但同時他的意志力並不是很堅定，分析問題的能力還在發展中。也就是說，雖然12歲孩子的抽象思維與邏輯能力已經接近成人了，但是他的意志力還沒有達到成人那種成熟狀態，分析能力也不夠深入。這個階段的孩子在碰到困難、遇到挫折的時候會很容易灰心，他受到影響，所以情緒不容易穩定。

教養12歲孩子的要點②：容許孩子出現情緒不穩的問題。

此外，這個階段的孩子馬上就要進入青春期了；青春期是人生的煩惱期，12歲的孩子也會開始有青春期的煩惱。

父母和小學六年級孩子在溝通過程中，最需注意的就是他的心理變化。父母要隨時關注孩子的心理變化，要容許孩子的情緒不穩。

青春期是人生非常重要的階段。孩子在12歲，整個的生理及心理成熟度都已發展到很接近成人程度。

打個比方，如果把人當成一部電腦，生理的發育相當於電腦的硬體，心理的發育就等於電腦的軟體；人這部電腦到了12歲的時候，硬體和軟體都已經安裝完成了。我們將13歲至18歲的這五年時間稱為少年期。等過了12歲，孩子就進入少年期（青春期），少年期就是人生這部電腦試的試用期、測試期。滿18歲以後，正式步入社會、進入成年期，那就是人生這部電腦正式投入使用的時候了。少年期（青春期）對人生也非常重要。

這章簡介了12歲以前每一年的心理特徵、認知發展及溝通重點，希望父母能藉此能給兒童期的孩子更適切的教養，為他們迎接少年期（青春期）做好準備。

第九章
青春期孩子的心理特徵與教育訣竅

青春期是一個過渡，孩子從兒童逐漸成長為大人。

無論生理或心理，都因為劇烈變化導致了不安與混亂，

少男少女經常充滿了各種衝突與矛盾。

這時，孩子愈來愈有想法，

也愈來愈不喜歡受到父母管教，

因此，父母要把孩子當朋友，

適時引導他們發現自我、抗拒誘惑、

找到自己的天賦與未來的職業。

父母對青春期孩子來說，是不可或缺的燈塔。

青春期，一個既混亂又充滿驚喜的過渡階段

從13歲到18歲，屬於少年期，又稱為「青春期」。孩子在這個年紀，正是就讀國高中的階段。中學的課業開始變得繁多、沉重；孩子的身心也有著青春其特有的變化與煩惱。

每一個孩子進入青春期的時間點不太一致。有些孩子比較早（特別是女孩子），11歲、12歲就進入青春期了，現在還有更早的，10歲就進入青春期了。晚熟點的孩子通常在13、14歲才進入青春期。

本章將青春期的起點設在13歲，並將這年紀的孩子設定為國中一年級(即7年級)學生。但實際上，每個孩子的發展進程不一，讀者可根據自己子女實際展現出來的身心特徵來參考對應的章節。

如果從皮亞傑的認知發展理論，人的認知能力是有階段性的。皮亞傑認為，從11歲開始就進入「形式運算階段」（註）。

形式運算階段正好是孩子讀國高中的時候，這個階段有什麼心理特徵？孩子已經可以進行抽象思

註：皮亞傑在他最著名的學說「認知發展階段」，把兒童的認知發展分成四個階段。其中，11～16歲屬於形式運算階段（Formal Operational，或譯為形式運思期 ），這時候孩子同時擁有邏輯思維和抽象思維，開始有類推的能力。

維、處理假設性問題，還有獨立思考的可能性。

如果從艾瑞克森的心理社會發展理論來看青春期，重點就放在個人與群體的關係。

艾瑞克森從社會學的角度出發，強調道德評判與人格認知。從他的理論來看，13～15歲就是同一性混亂的階段。什麼叫「同一性」（sameness）？思想和行為開始逐步整合，最後達到統一。也就是說，從艾瑞克森的角度來講，青少年在青春期這個階段會努力去確認自我：「我是誰？」「自己在社會上的角色是什麼樣的？」「我是什麼身份？」「我處在什麼樣的位置？」「我是幹什麼的？」由於孩子還在摸索，所以他這個階段的自我認同是混亂的。最後，孩子的自我和自我的行為，以及自我所承擔的社會角色最後或逐步統一。

從認知的特徵來講，13歲少年的身體、心理都產生了極大變化。尤其是身體，不僅外觀形態會有明顯變化，內在機能也逐步健全。這時候第二性特徵開始顯著呈現，心理也相應地產生巨大變化。

但孩子這時正要從童年過渡到成年，他心智上還具備童年期的幼稚，但是身體、大腦與心理卻又開始趨向成熟：大腦已經發育的跟成人一樣了，形

象思維能力與抽象思維能力也跟成人差不多，但是他的理性的思維、分析與判斷卻還很有限。因為這時孩子的經驗太少，所以想法還很幼稚。

如果從佛洛伊德精神分析的性本能發展來看，孩子從出生後，他的性本能就會陸續進入口欲期、肛欲期、性蕾期（潛伏期），13歲之後就到了生殖器期。此時，他的性本能會集中在生殖器。在這個階段，男女的第二生理特徵已經開始發育。青春期的少男看見少女的時候會有感覺（快感），這是因為他的性本能刺激感已經集中在生殖器的緣故。少女也會開始對異性動心。青春期的孩子，因為身體發育已趨向於成熟，但頭腦的分析力等理性思維還很幼稚，所以就會出現混亂。

青春期的叛逆就是同一性的混亂。這時，孩子因為各種生理的顯著變化，帶來極大的困擾，心理上也會想做相關嘗試，因此，男孩女孩都會變得浮躁，這很正常。

在情感方面，他們對異性已經有感覺了，但是自己還很幼稚、無法完全自主，也無法完全獨立。所以這個階段的孩子會煩惱、躁動、不安，有很多人表現叛逆甚至反社會的行為。18世紀德國哲學家

歌德撰寫的名著《少年維特的煩惱》，描述青春期孩子在情感上的躁動、不安。青春期就是過渡期，若以產品研發做比喻，青春期就是試用期，有很多地方還在調試中。

青春期孩子的心理發展特徵有哪幾個方面？我們沿用上一章的分年框架來簡介。

13 歲孩子的身心特點

孩子這時候的心理可說是新鮮感與緊張並存。

升上國中（即7年級），新的環境、新的老師、新的同學，包括新的課程，給孩子帶來新鮮感與陌生感，這個階段的孩子心理的狀態。隨著學習科目增多，複雜性也變高。國中（即7～9年級）的學習，無論是教學過程、教學方法，以及對考試的要求，強度與難度都超愈小學。所以這種緊張是有壓力的。

此外，孩子剛踏入青春期，無論是對社會的認知、身體的發育、心理的成熟過程，都要面臨很

父母教養便利貼：

青少年的心理、生理已經和成人一樣了這個時候，身體的發育日漸成熟，心理品質仍保持幼稚，就形成了矛盾。

多未知挑戰；他同時還要建立自我，要讓個體自我與社會團體達成同一性。此外，他這時候剛脫離童年，形體看似已成年，其實腦袋還是孩子的腦袋，心理還是孩子的幼稚心理。

　　青春期的孩子，無論在生理、心理、學業或環境，都是處處充滿了矛盾，新鮮感與緊張感並存。

13歲孩子的身心發展特徵①：求關注。

　　孩子這時候自我意識已趨向成熟，對自我具有一定的評價能力，知道自己有什麼特質，他開始注意自我形象，甚至希望得到老師、同學與父母的好評。為此，他在希望透過努力學習得到好成績，提升儀表和行為舉止來獲得老師、同學以及團體對自己的好評。

父母教養便利貼：

進入青春期以後，身體的發育、心理的獨立和依從，矛盾變得更激烈。其實，身體發育帶來的尷尬反應，與社會教育息息相關。如果社會是開放性的教育，孩子這個時候能獲得各方面的知識，他就會知道自己身體的變化是正常的。但如果社會風氣封閉，孩子得不到這方面知識，又羞於跟父母談論這方面問題，這就會造成極大的困擾。

剛上7年級的13歲孩子已經開始展露求關注的行為了。這個階段可說是向上性和盲目性共存。你說，爭做好孩子，當個好榜樣，讓大家給自己好評價，這樣目標明確嗎？其實有些盲目。但有的孩子會因此朝正向發展，有的孩子卻會用負面表現來引起注意。比如，當孩子發現自己比不過成績好的同學，但又想得到大家關注，怎麼辦？他就用負面的叛逆行為、反社會行為來激起大家反感。討厭也是一種關注。所以，有些國中生在家裡叛逆、在學校叛逆，大人愈說什麼我愈不做，這其實也是尋求關注的一種方式。

13歲孩子的身心發展特徵②：易受外界影響。

同時，13歲左右的孩子，思維的獨立性和批判性仍在萌芽階段。他外表看著像大人，說話語氣像大人，但其實他的情緒、情感、個性、獨立思考能力、理性思維能力都還只是個孩子。所以這個時候的孩子容易受外界影響。

而且，這時候的自我評價還是萌芽階段。當他順利、成功的時候，很容易就盲目地自滿、覺得自己了不起、開始目中無人了。一旦受到挫折的時候，也特別容易盲目地自卑、動輒洩氣。

而且，這個階段的少年從眾心理很強。他的注意焦點不再是老師了，而是轉向偶像和同儕。這個時候就得注意，孩子從12歲開始有了小團體的概念，到了13歲的時候，由於從眾心理而開始依賴於小團體。所以，這時候他會特別在意這個小團體與同儕的評價，以及在團體中他的地位與角色。

13歲孩子的身心發展特徵③：依賴又獨立。

　　這時候還會出現依賴性和獨立性共存的心理特徵。最典型的表現就是不願讓大人管。父母若管孩子的學習、生活與情感，他會非常反感。但是，孩子在課業學習和社交生活又會遇到很多困擾，他又會希望得到父母和同儕的幫助。如果父母老師不管，孩子很多困擾卻無法自行解決；若管了，孩子又覺得反感、很排斥。父母對孩子特別無奈，管也不是，不管也不是。

13歲孩子的教養要訣

　　這個時候父母和孩子溝通方式，其重點應該放在哪裡？

教養13歲孩子的要點①：關注孩子的適應性。

孩子從小學升上國中（即7～9年級），整個環境都變了，接觸的人也變了，所以孩子這個時候可能會情緒不穩，躁動不安。父母要陪伴孩子，給他一個適應的過程。

此外，課業突然變多、學習壓力突然之間變大，有些孩子會不適應。其實，7年級的孩子已經可以歸納出一套適合自己的學習方法了。如果孩子覺得學習壓力很大，父母要理解他，並支持孩子自行養成正確的學習方法。

教養13歲孩子的要點②：培養基礎知識。

除了學校課業，父母也要重視基礎知識的教育。什麼叫「基礎知識」？學校課堂教授的知識就是基礎知識，當然，那些內容僅為基礎知識的其中一小部分，絕大部分的基礎知識是課本沒教的。

校內的課業學習仍是這年紀孩子的主要工作。初一課程已有一定難度，必須循序漸進地學習，不要一下子給孩子太深、太難的內容。中國的學校、老師與父母在這個階段特別容易跌入填鴨式教育的陷阱，只是一昧追求授課範圍裡的知識更深、更難，以及孩子寫考卷答案更精確，卻不注重孩子也

該去拓展其面向的基礎知識，甚至排斥孩子花心思在課本以外的活動。殊不知，此時正是孩子建立知識結構、尋找自己感興趣的學識領域、擴展視野與格局的關鍵期。

所以，不要讓孩子把所有時間都用來讀書。再怎麼深入或精准地學習課本裡的知識，也不會有更多好處。當孩子完成課本那些基礎知識的訓練，就應該撥出大量時間在他感興趣的領域。這可以是知性的拓展，也可以是體能訓練。所以，除了讀書之外，參加各種運動也很重要。

14 歲孩子的身心特點

到了14歲的時候，孩子的青春期的叛逆變得比13歲的時候還要明顯。

14歲的孩子希望更加獨立，他的自尊心也開始變強。表面上看起來好像什麼都不在乎，但是，從眾心理卻又特別強烈。這個年齡的孩子有很多既想標新立異又擔心自己脫離團體。這時候，有些孩子就會出現過度的緊張、焦慮、自卑等負面情緒，甚至因此產生不同程度的對抗情緒、逃避、說謊、破壞、暴力等青春期的叛逆行為。

14歲孩子的教養要訣

父母該如何面對14歲孩子的煩惱與叛逆？

教養14歲孩子的要點①：把孩子當朋友，開放心胸來談性。

當孩子的身體第二性特徵出現之後，要有效地和孩子溝通，敞開心胸地探討性這方面的議題：如何認識愛情？怎樣處理對異性的好感和愛情之間的關係？透過互動，給予孩子一個正確的引導。

不過，個時候父母跟子女的溝通，經常會遇到這個瓶頸：父母想交流，孩子卻不想跟父母交流。這年紀的孩子喜歡跟同伴交流。在這個狀態下，父母不可以強制性地說服、管教或命令子女。有時候父母一著急，還把孩子當兒童來對待，但你要知道，到14歲左右的年紀已經不能算是小孩子了。父母在這個階段要放低姿態，把孩子當朋友來對待，和孩子的交流、溝通要平穩。

教養14歲孩子的要點②：勿追求高分，而是注意學習心態與學習方式。

在課業學習方面，7～8年級（國中階段）正是高強度學習承上啟下的階段，要注意學習方面的引導。

這個時候的學習會出現分層的現象。基本上，孩子的課業表現從7～8年級就開始分層了。學得好的孩子會愈來愈優秀，因為他已經掌握主動學習的習慣，又歸納出適合自己的一套學習方法，這種優等生就會一直名列前矛。至於那些沒有養成良好學習習慣的孩子，自己也沒有一套有效的學習方法的孩子，他們到後面就會愈學愈困難。優生、劣生從這階段就開始有差異，開始有分層了。

這時候想要掌握子女的課業學習，重點還是擺在先前提到的兩個重點：良好的學習習慣、一套適合自己的學習方法。父母別把教養重點放在孩子的考試成績或是他學了哪些東西，而是他面對學習的習慣與方法。

15 歲孩子的身心特點

升上國三（9年級）的15歲少年，心智上已經愈來愈像個大人了。

15歲孩子的身心發展特徵①：心智已像大人般成熟。

他這個時候的觀察力已很接近成人了，思維活動已經完全達到了抽象和概念的水準。有意義的記

憶也已經占了主導地位。記東西已不是憑著機械式背誦或靠著靠著無意識的記憶，而是經過理解才能形成記憶。

15歲孩子的身心發展特徵②：興趣、學業表現已定型。

15歲的孩子，他的愛好、興趣基本在這個時候已經固定了，以後一生都不會變了。這個時候，學業成績也趨於穩定了。如果個孩子在8年級的學業表現優異，到了9年級也會差不多。為什麼學習能力好？因為有基礎。有些差生的功課到了高中突然一下子變好了，那種情況很少。中學的課業成績到了8～9年級就差不多見真章了。

這時候孩子的課業成績優異，他本身必須具備兩個要素。第一個是學習的動力，孩子願不願意要求自己花時間與心思在課業。另外一個要素是良好的學習習慣，也就是有效的學習方法。光有驅動力卻欠缺良好的學習習慣和學習方法，那也不行。

15歲孩子的身心發展特徵③：變得更獨立自主。

從心理的特徵來講，15歲的孩子的獨立性會進一步加強，學習能力也因此有很大的提升。9年級的

孩子已經有能力獨立組織或自由開展一些活動了。

15歲孩子的教養要訣

年約15歲的孩子更獨立也更重視自己在學校的人際關係，父母這時又該如何應對呢？

教養15歲孩子的要點①：尊重、理解子女。

15歲的孩子已不再是幼稚的小孩了。他這個時候更需要父母、老師、團體對他的尊重、認同與理解。父母要把9年級的孩子當成大人來尊重。你和孩子是平等的，不能再把他當成5、6歲小孩子，不能再命令他，也不能再控制他了。

親子溝通的重點就像上述所寫的，很簡單，跟孩子當朋友、尊重他、理解他、認同他。當然，引導時要循序漸進，不能著急，因為15歲的少年的個性、社會性、自覺性、自律性、獨立性逐漸成熟了，你就得把他當大人來對待。

教養15歲孩子的要點②：避免同儕帶壞。

這年齡的孩子，同儕對他的影響非常大，因為他能在同儕當中找到自我價值，甚至在追求這種價值感。如果父母發現子女接觸了不良的同儕，經常

跟他們在一起，甚至做了一些反社會行為，那就得糾正、進行教育。

如果教育無效，就只剩下換環境這個辦法了。環境變了，孩子就能擺脫壞朋友帶來的負面影響。

這個時候，老師已經起不了太大作用。甚至，老師愈是強調某事，孩子愈要做出違抗某事的言行。這個時候父母講的話也聽不進去。所以父母在這個時候要非常留意孩子的同儕，孩子現在和什麼人在一起玩，將會影響他的一生。

16 歲孩子的身心特點

孩子大約在16歲的時候進入高中。高中一年級（即10年級）的孩子，基本上就是大人了。

進入高中之後，身體會迅速發育，自我意識、獨立思考和處理事物的能力也會快速發展。 高中一年級學生，他的心理狀態正值脫離父母的斷乳期。「等等，我們之前不是說嬰幼兒一歲左右斷奶？」

> **父母教養便利貼：**
>
> 孩子成績好，聰明不聰明是一回事，更重要的是學習習慣和學習方法。學習習慣和學習方法是在8年級之前逐步形成的。到了9年級基本上這些都已經穩定了。

生理上的斷奶在一歲左右的時候，心理上的斷奶則是在18歲成人的時候。但是，從16歲開始，孩子心理上就不再依賴父母，開始表現出心理上的斷乳期的言行。

16歲孩子的身心發展特徵①：獨立自主，想脫離父母。

也就是說，16歲的孩子無論是心理或行為都表現出強烈的自主性，而且迫切希望從父母的束縛中解放出來。這個時候，會有很多孩子想要住校或出國留學，為什麼？就是這種獨立性。從16歲開始，就要脫離父母，走入社會了。

16歲孩子的身心發展特徵②：感情內隱，難以捉摸。

另一方面，他的情感趨向於內隱。這時候，孩子的內心世界特別活躍，但在對外的情感表現卻又不明顯。也就是說，這年紀的孩子，外在表現和內心世界的真實狀態不一樣。由於這種特點，父母不瞭解孩子，開始看不透他了。

16歲孩子的教養要訣

因為子女想脫離父母管轄，父母卻愈來愈不瞭解自己的孩子。所以，從孩子16歲開始，父母和他溝通交流的次數會愈來愈少。這個時候怎麼辦？

教養16歲孩子的要點①：不要過度干涉孩子，關切並適時引導即可。

這時候孩子自主性特別強，他看似好像分析能力、判斷能力、處理問題的能力都已經成熟了，但整體上其實還是沒成熟。他這時候很依賴同儕，跟同儕在一起的時候無所不談，面對父母的時候突然就變得封閉了。但是，同儕不能解決他的困惑和問題，有時候還是需要父母的支援和鼓勵、幫助。

16歲的孩子好像脫離父母了，但他在內心深處其實還是需要父母的。所以，父母這個時候更要處理好和孩子之間的關係。這時，父母不能過度干涉孩子，並要適度地引導和幫助。

教養16歲孩子的要點②：關切焦點放在孩子的社交與情感。

尤其在孩子剛上高中的第一年，因為環境又變了，學習的壓力又變得更大了，課業難度更高了，

但孩子這個時候通常已經相當獨立了，能夠自主學習，所以父母不必在學習方面干預太多，反而是在情感與身心發育方面要多關注。

17 歲孩子的身心特點

高二（即11年級），在學校的學習會分化得非常明顯。基本上，優等生和差生已經被分出來了。優等生會把精力全都放在課本上的知識學習，所謂的差生則把精力或興趣易注的焦點轉移到校外的知識或活動。

17歲孩子的身心發展特徵①：主動學習。

優等生會表現一副非常有自信的樣子，因為主動學習已經成為他的自覺行為，他還不斷從學習成績在心理上獲得成功的滿足感。差生在這個階段如果不能把他的興趣焦點轉到課外知識，或者，他在某個知識領域的學習始終無法獲得自信、擁有成功的心理體驗，他就會因為在學業不斷遭受挫折，從

父母教養便利貼：

16歲的孩子，父母不能過度干涉孩子，並要適度地引導和幫助。

此對學習失去信心，並因此固化出一種自卑，甚至害怕、恐懼的負面心態。

這個時候，孩子在心理上也會明顯出現歸因的表現。歸因是什麼？比方，成績不好，這可能是因為內歸因或外歸因造成的。有的孩子趨向使用內歸因，責怪自己：「都是因為我自己不夠聰明。」「不夠用功。」「我很懶。」「我很笨。」至於外歸因，就是學校環境、老師的水準、同學們一起創造的學習環境。

為什麼有內歸因有外歸因？因為孩子這時候已經形對事物結果的一種心理態勢。如果這個時候去強化他的內歸因，孩子長大以後就會把做事失敗都歸咎自己。即使成功了，他也認為是自己的因素。內歸因就是在這個時候形成的。

尤其在高三（即12年級）的時候，因為馬上就要面臨大學聯考（註）了，大學聯考是人生的第一次博弈。孩子這時候特別容易緊張、恐懼。

註：中國大陸的高考，約等於台灣的大學聯考。但，自2002年起，台灣廢止一年考一次的大學聯考，改用多元入學方案。高三學生主要可透過每年兩次的全國性考試來進入大學：年初的學測和七月的指考。

17 歲孩子的教養要訣

這個時候，父母和孩子的溝通重點在哪？

教養17歲孩子的要點①：面對升學，不必太擔憂。

這個時候要注意幫助孩子均衡發展。對於學習好的孩子，要正確地引導，讓他不要太擔憂或害怕即將面對的大學聯考。對學習成績差的孩子，首先要是幫助他提高學習成效，同時還要注意他對課外的興趣、培養寬廣的知識結構。

教養17歲孩子的要點②：找出孩子擅長的項目，並進而強化。

有時候，這孩子怎麼幫他提高學習成效，他就是沒法吸收知識，那麼，父母了課本之外，更要關注孩子感興趣的領域，找出他擅長哪方面的事情，然後刻意去強化這方面的培養。比如，有些孩子對數學、語文這些升學考試必考的科目是不行，他對這些學科找不到感覺，再努力學也不行。怎麼辦？也許這個孩子在繪畫、書法、音樂、舞蹈的藝術領域，其中某一項是他很喜歡或是有天分的，如果有的話就去加強這方面。

其實，未來可以讀的學校有各種類型，大學也分很多種，不一定是綜合大學或理工科學校就好。父母要幫這個階段的孩子做好人生選擇，不能僅以學習成績來評判自己，要保護孩子的自尊和自信，這是父母要做的。

同時父母要幫助孩子樹立一種正確的歸因導向，看問題，看任何一個結果都要全面，不要偏執，客觀性很重要，理性地引導。

18 歲孩子的身心特點與教養要訣

到了高三（即12年級），孩子已經18歲。他這個時候已經擁有成人的認知水準了，他的個人意識、社會意識也都接近成熟，且已形成自己的人生觀、價值觀，甚至對社會的現象已經有了獨立的見解。這個時候18歲的孩子可分成幾種類型：信心型、迷茫型，以及放棄型。

父母教養便利貼：

17歲的孩子，父母要幫助孩子樹立一種正確的歸因導向，看問題，看任何一個結果都要全面，不要偏執，客觀性很重要，理性地引導。

這個階段父母與子女的子溝通重點是什麼？

教養18歲子女的要點①：注意孩子心理變化。

現在已經不能再把子女當孩子看待了，他馬上就是成年人了，要注意他的心理變化。

教養18歲子女的要點②：讓他選適性的專業。

同時也做好選擇職業的啟蒙。比如，大學是有分科的，上什麼科系就學什麼專業，即使上技職學校也一樣。其實，升學就涉及到今後這孩子入社會所從事的職業，高三這階段選學校科系，就決定了孩子以後的職業方向，所以非常重要！孩子這時候無論是身體發、心理成熟度、認知水準等方面都已經是成人了，所以，父母只要在一旁做好引導的工作就行了。

正視青春期，這是修復心靈創傷的最佳時機

並不是說所有孩子在青春期的時候都會叛逆或反社會。父母不妨把青春期當成電腦的試運行過程。

如果在青春期之前，這個孩子身體和心理都是健康發展，沒有扭曲或創傷，那麼，他在青春期的

時候會很正常地平穩度過。青春期這個時期算是半成品正在試運行的測試階段，如果平穩度過青春期了，這孩子在整個成長過程就沒有什麼大問題。如果他在這個階段出現問題，其實就告訴父母：這個產品是有缺陷的，或者這個產品是有問題的，是有bug的。那怎麼辦？只要修復就行了。

青春期的過程，其實也是給父母及社會對這孩子在成人之前會提供了最後一次的修復機會。孩子如果在12歲之前（尤其是七歲以前）那些埋在心靈深處的扭曲和創傷，都會在青春期這個階段呈現出來。如果你發現孩子在這個階段有問題，就要立刻找專業人士來疏導、化解、修復。

我們這麼多年在大量的臨床個案不斷地驗證這一點。除了完全不可逆的生理缺陷，再嚴重的心理問題在青春期這個階段都能獲得非常好的修復。也就是說，青春期的少年如果要修復、化解他在童年期、幼兒期、哺乳期受到的那些創，傷是非常容易的。

所以，父母千萬不要害怕孩子在青春期出現各種反社會行為或是叛逆行為，反社會行為或是叛逆行為只是一種警告或者提示，一旦修復好了，你的

子女就會像一個合格的優良產品進入社會。一旦孩子進入社會，父母就不用再擔心他的生活、家庭、工作了。

第十章
中西教育體制與內涵的發展、比較

雖然知道，孩子的教育

應結合他的生理發展階段與心理發展規律。

但什麼樣的教育方法比較正確？

教化該朝哪個方向進行？

本章主要介紹中華民族教育體制的發展歷程、

比對東西方教育的差異，

特別是童蒙教育這領域的異同。

中西文化針對教育三階段劃分各不同

父母對子女的教育，可分成三大階段。第一個階段是孩子還沒進小學的學前階段，也就是幼兒時期。等到孩子7歲上了小學到18歲長大成人的這12年，又可分成兩大階段：小學6年、國高中共6年。孩子進學之後，按照我國現行學制所採用國際通行的學齡劃分：7歲上小學、12歲上國中（即7～9年級）、15歲上高中（即10～12年級）、18歲上大學，讀完四年大學已是22歲了，之後再往上攻讀碩士或博士。

中國古代教育體制的劃分方式與現行體制不同。古代的兒蒙，是指兒童在7歲至15歲在各地設置的「小學」接受啟蒙教育；到了15至18歲的時候，則改到中央設置的「大學」（註）求學。基本上，古人到了18歲就被視為成人，他這時應結束所有學業、進入社會做事。

都說兒童、少年是中華的希望，少年強則國強。但是，怎樣才讓少年變強？靠的就是教育。漢

註：這裡的小學是指由地方政府設置的鄉校。大學，是中央政府設置的國學，也就是全國最高學府。

唐時代人才輩出，就是因為當時的教育水準很高。那麼，現今的中國教育又如何呢？

本章簡介中國古代的學校體制，也透過今昔對比、東西對照，反思現今中國的學校教育有哪些需要改進之處，作為父母在教育子女時的參考與警示。

中華教育體系始於三、四千年前的官學

中華自古以來就是最重視教育的國家，教育體系很早就成型。學校這個專供學習的機構，自夏朝就開始發展，並於周代成型，構成了一套完整的教育體系與課程內容。當時，不僅各地設有專供學習的校舍、老師，還有明確的教學內容。

中華教育體制以政府官辦為主。

由政府出面辦教育，一直是我國教育體系的主流。《孟子·滕文公上》：「夏曰校，殷曰序，周曰庠，學則三代共之，皆所以明人倫也。」夏商周已在各地與中央建置各級學校。在地方設置的鄉學（又稱小學），夏代稱為校、殷代稱為序、周代稱為庠。中央的國學是全國最高學府，這三個朝代都有設置。

亦吏亦師、亦官亦師，教育結合政治是中國古代的一大特色。

　　這些官學的師資，來自當地的耆老或官吏。最早以吏為師，吏就是公務員。官員除為政府工作，也兼任教化眾生的老師。亦吏亦師、亦官亦師，這就是中華教育的一項特點。

　　周初就制定了「六藝」的全人教育。

　　這些官辦學校，在周朝確認學習內容，之後少有變動。周初確定各地的「小學」（鄉學）教授六藝。貴族孩子在7到15歲的階段，有系統地學習禮

中華教育的形成時間與完整性都超越西方

　　距今三、四千年前，中華已經出現一整套由官方承辦的教學體系。當時，教育就在貴族階層（精英階層）已相當普及了，這點在當時的西方世界是無法想像的。

　　西方教育最早源自古希臘，能提的教育家也就是柏拉圖、蘇格拉底、亞里斯多德這幾位。他們的教育內容並沒有形成體系，只是在著作裡提了幾句話就算是教育理念，而且這些理念也無法向社會推行。

　　而中華民族的教育體系很早就建置完備，在夏商周就以政府主辦的形式在貴族階層推廣，稱為官學。早在三、四千年前，不僅有了學校的雛形，還有了完備的教育體系。現在想想，實在是太難能可貴了。

樂射禦書數這六種科目。六藝，可說是數千年前中國人最早接受的童蒙教育。當時的學生滿15歲之後，還可以進入中央的「大學」繼續求學，這時，學的內容主要為詩書禮樂這四門課。

先秦時代出現私學，私學就成為啟蒙教育的主要機構。

春秋戰國時期逐漸發展出私學，並彌補官學的教育缺失。比如，最早的官學以高等教育機構「大學」為主。古代的學校只限於貴族階層，由中央或地方政府聘請貴族講師來教授年輕貴族。只是，隨著封建制度崩解、工商日漸繁盛，春秋戰國時期民間開始有人辦學，稱為私學，從此平民也能學習各種知識。後來，中華的教育體制就演變成官辦學校以高等教育的大學為主，童蒙教育則幾乎由民間的私學包辦。

孔子開創私學的劃時代意義

官學傳到春秋末年，由孔子完善了這套教育體系的教學理念與內容形式，並開創了私學。這具有幾個面向的重大意義！

影響①：六經成為歷代高等教育的固定科目。

在授課內容方面，孔子把周初的六藝當成童蒙教育（小學教育）的重點；大學的授課內容，則在周初規定教授的詩書禮樂這四門科目之外，再加入易經和春秋這兩本書，統稱為六經。接下來各朝代，就都把詩書禮樂易春秋這六本書當成大學的教科書。

影響②：有教無類，廣開教化之門。

孔子主張有教無類，他收學生不分貴族平民，全都一視同仁，從此廣開教化之門。孔子開創的私學，在授課內容方面也彌補官學不足之處，並提供平民一個公平學習的機會。

影響③：提供平民一個翻身的機會。

不管是從社會還是從政治的角度來看，私學都能加強統治階級的管理、穩定社會人心。因為，官學歷經了夏商周約一千年的漫長歲月，到了周末的春秋時期，當時因為社會階層劃分太過明確，阻礙了上下溝通與階級流動，優秀的平民雖已力爭卻無法躋身上流而產生怨氣。私學可以打破貴族與平民之間涇渭分明的界限，提供優秀的平民一個階級翻

身的機會，意義非常重大！

菁英教育從兩千年前開始獨尊儒術、以孝為本

　　早在兩千年前的漢代，整套的教育體制就已臻至完備，並落實至民間。當時，漢武帝展開一場罷黜百家、獨尊儒術的運動，將中華教育往上推高到一個新境界。這時的教育對象不再只限於貴族，而是向全民開放；課程內容也以儒學為主，童蒙教育與大學教育傳授的內容從此變得更加明確。

　　例如，漢唐的教育模式是：7歲上小學，先學《爾雅》。成書於西漢初年的《爾雅》，其實就是一本解釋官方語言裡各種詞彙的字典。孩子啟蒙先學識字，所以先接觸《爾雅》。識字之後就開始學《孝經》，接著再學《論語》。《孝經》與《論語》是小學教育最重要的兩本教科書。

　　在儒家的經典當中、在整個中華文明的體系裡，《孝經》是最基本的一本經書。《孝經·卷九》紀載孔子這句話：「夫孝，德之本也，教之所由生也。」孝是德之本，一切的教育都是從孝開始的。可以說，儒家文化就是孝道文化。

　　孝是什麼？德之本是什麼？這兩者都是「明人

倫」的重要呈現。人倫，就是做人最基本的倫理道德標準；明人倫，意即教你如何做人，告訴你什麼是做人的規範。

在儒家的觀點裡，孝是一切教化的基礎，從孝能延伸出德。古中國的社會結構、政治秩序都由此衍生而來。漢代的武帝非常注重這一點，他大力推廣孝道文化，中華歷代的精英教育也跟著沿襲。所以，童蒙教育在教孩子識完字的第一步就是學《孝經》，因為《孝經》教的就是「明人倫」。當7歲孩子開始上學，馬上教孩子怎麼做人，這就是德育！

《孝經》告訴我們：「內修孝悌，外形於禮」是孝的行為。孝悌對內的呈現是誠、敬，對外的表現是禮儀與規範。若能內修誠敬，就會誠以待天、誠以待人、誠以應地、以敬順天、以敬應地、以敬對人；並進而透過禮法來展現社會地位的等級與人倫秩序，也就是古人重視的「長幼尊卑有序」。

根據大腦發展的進程，孩子在7歲的時候開始建立邏輯能力，樹立他的人生觀、宇宙觀與世界觀，他的道德標準也正在成形中。中華的古聖先賢選在這個階段對孩童進行啟蒙教育，並把啟蒙重點放在「孝」，告訴孩子：這一生該如何做人？道德

標準在哪裡？怎麼做才是有德、能夠積善？怎麼做才能被社會接受、鼓勵和讚揚？所謂的明人倫，也就是「明是非、了解對錯」。

漢代的童蒙教育是，孩子學了《孝經》之後就開始學《論語》。《論語》這本書記錄孔子的言行。為什麼這本書要排在《孝經》之後才開始學？因為，古聖先賢希望孩子透過《論語》學到如何在現實生活裡，運用最基本的人倫之道（孝道）來做人做事。孔子的言行，其實就是對孝道文化的一種解讀，以及在做人做事方面具體執行孝道文化的一種示範。

猶太人的《舊約聖經》與《塔木德》，地位等同於中國人的《孝經》與《論語》。

中華有《孝經》，西方有《聖經》。猶太人對《聖經》的解讀，積累了上千位智者的智慧，將如何在現實生活應用《聖經》的規範集結成一本名為「學習」的書：《塔木德》（Talmud）（註）。

猶太人世世代代都隨身攜帶《舊約聖經》與

第十章 中西教育體制與內涵的發展、比較

註：《塔木德》（Talmud）是猶太法典，書名就是希伯來語「學習」的意思。這本書紀載了西元前後20　0年數代、上千位猶太智者對律法、宗教、禮儀等議題的口頭討論，成為猶太人在信仰與生活的依據。

《塔木德》這兩本書。中國人在漢代的時候也會隨身帶著兩本書：《孝經》與《論語》。《孝經》在古代中國的地位、作用，就相當於西方的《聖經》。

西方的法律、社會制度、政治秩序，還有人民的宗教信仰，全都源自《聖經》。而中華文明也都從《孝經》講授的孝道而來。黃帝、堯、舜、禹都以孝治天下。從孝延伸出禮樂，用禮樂教化眾生而治天下。真正的聖王不用武力和法治來約束眾生，都是透過禮樂來教化民眾，採取開放、自由的管理方式，同時又內合誠敬孝道、外形禮樂，這才能達到天下大治。中華歷代盛世都是這樣來的！

所以中華民族的聖經就是《孝經》。而《論語》就是《孝經》在現實生活的詮釋。所以，從漢武帝開始，　7歲孩子只要家裡有條件的，不是上官學就是上私學；他們在學的時候必定先學《爾雅》，後學《孝經》，然後再學《論語》。《論語》傳授的是做事準則，必須在孝及做人標準的基礎之上才能扎根。

漢唐的小學教育以立德、立功、立言為主

聖人說，要實現人生價值、追尋人生目標，就

要做到三不朽：立德、立功、立言。立德就是指：你要達到人倫規範（做人的標準）。立功是指努力做事，要做到功成名就、光宗耀祖的程度。立言呢？意指你的人生觀、世界觀都要遵循古聖先賢制定下來的「順天之道、應地之規、中和人事」的榜樣，要做到流傳千古，這叫立言。

漢代孩子從7歲童蒙開始學習如何做事、做人，並且要將這套標準傳播出去，讓整個社會都按照這套標準來形式，自己最後也因此獲得社會一致讚揚與鼓勵。

從政府的角度來看，舉鄉賢對於官方推行文化佔有很重要的作用。舉鄉賢，就是在鄉鎮由當地人共同推選當地賢者（鄉賢）。這些明人倫、懂道理、會做人又能做事，經過推舉之後會被國家重

東西方文化對品德教育的差異性

當時的西方世界並沒有品德這種教育。他們的德育靠宗教，也就是廣義的基督教。上帝教人要博愛、平等、公平，所以，這些美德都來自上帝、來自宗教。而中華的教育在周代就已完全脫離宗教，進入人治的階段，朝著對人教化的方向來發展，這點很難能可貴！因為，只有把人跟神分開，才能不迷信地對人進行正確的引導和教育。

用，提拔他去當某個地方的父母官。前面提過，「以吏為師」是中華教育的一項特色。有德有能的人做了父母官，不僅要負責治理當地，還必須負責該地的教化。所以，當官的人自己必須成為表率，他先是老師，然後才是官員。

中華教育特別強調言傳身教，父母和長輩是子孫與晚輩的榜樣，父母官也是一方眾生的榜樣。大家不僅會看這個官能否做出政績，更會看他這個人有沒有德，有沒有符合孝道的標準。孝道的標準是什麼？上順天道、下應地規、中通人事。如果為官者無德，再有能也不行。因為，古人認為無德者的能力越強，禍害就越大。自古中華就重德，德永遠都是第一位，然後才看功。

六藝，培養生活技能的課外活動

漢代的小學教育，不僅教導兒童做人做事的標準，還有禮樂射禦書數這六門科目，稱為六藝。六藝屬於課堂以外的課外活動，培養一些在德以外或是由德延伸出去的生活技能。

禮有什麼技能？人是群居動物，知禮就守規則、遵守秩序，所以社會不亂。有禮即知進退、懂應對，不起妄想，不會無端爭搶，整個社會秩序與

政治風氣就能得到保證，這是禮的重要性。

　　樂，陶冶情操，同時也是溝通之道。古人祭祀時，透過音樂與上天的神明、大地的神靈，以及介於兩者之間的人來溝通。禮樂從孝延伸出來，孝又從道統延伸出來，這個關係架構就是綱常。所以，禮樂學好了，可以上通神明、下順眾生。聖王都以禮樂教化眾生，禮樂就是聖王治理治國之道。在漢代，7歲童蒙就開始學習禮樂這套很高深的學問，這是當時的大學也沒有學習內容。

　　射和禦是武功。古代封建社會按照軍功來分封、世襲；所以，軍事力量（武功）在當時非常重要。一個國家的文治再厲害，但武功不行，一旦被外族入侵，整個國族就會被奴役。所以，兒童學六藝，不僅要學習禮樂這種治國之道，還要學武功。

　　古代戰爭靠的不是個人的武功高強，而是把很多人組織起來發動的戰爭。當時決定戰爭勝負的有兩個因素：一是弓弩是否強大，能否射得夠遠、夠準；二是戰車的數量。當時，武力強大的標誌就是戰車數量。大國叫做萬乘之國，中等的國家叫做千乘之國，小國就叫做百乘之國。「乘」是戰車的單位，也就是「輛」的意思。戰車多寡，代表國家的規模和武力。

當時，打仗是貴族的工作，所以貴族平時就要練習射箭與駕馭戰車的技能。箭要怎樣射才能又遠又準？這裡頭學問不少。所以，射這門課的學習內涵就相當於現今流行的成功學。戰車由馬匹牽引，有的是套上兩匹馬，有的四匹、有的六匹、八匹，古代對戰車配備的馬匹數量有很嚴格的等級規制。駕車的人如何讓這麼多匹馬能同心協力地朝一個方向使勁，彼此之間不出現衝突和矛盾，這就是駕馭技巧，也是管理技巧。所以，駕馭戰車的能力很高明，在統治民眾這方面肯定也是技巧高超。

　　也就是說，射是成功之道，講究如何做事才會成功。御（駕馭）則是帝王學，透過駕馭馬匹的訣竅，延伸出怎樣駕馭人心、統治國家。所以，射和御不僅練體能，還傳授成功學與管理學的智慧。

　　兒童在「書」這門課，要學習識字、練習寫字、培養行政人員必備的文書能力。不僅要學會書寫方式，還要能寫出官僚系統行政經常用到的公告、聲明、法律條文、規章制度等文書。這需要嚴密的邏輯性，以及強大的分析、判斷、推理能力。所以，透過「書」這門課可以學到行政管理與行政執行的能力。

古人所說的「數」是數術學，也就是探討天氣變化、節氣變更，日月星辰的運行規律、自然界更迭法則的天文地理。現在學的數學、物理、化學、天文知識，全都在「數」這個範疇。之前提過的「九數」（九種數學分支）是狹隘的「數」。真正的「數」應該相當於現今的天文地理。

從漢代鄉學的六藝，反思當代小學教育的缺失

漢代的孩子經過童蒙教育，到了15歲的時候，他掌握了什麼？

學了八年的《孝經》和《論語》，讓他明白人際關係、道德標準，以及正確的做人做事之道，並進而確立自己的人生觀與世界觀。他同時還透過六藝這些科目學到一些實用技能。禮樂是治國最高段的技能；以禮樂教化眾生，能夠達到「上順天道、下應地規、中通人事」的境界。射和禦這兩門課學習如何射箭、如何駕馭戰車的技巧，同時又融入做事技巧與管理團隊的訣竅。透過書與數這兩門課，能學會行政能力並掌握天文地理的相關知識。

如果把漢代的小學教育（鄉學教育）跟目前小學讓孩子學的東西做個比較，，我們就會發現，現在小學（7到12歲）教授的東西，竟然只是漢代

小學教育的六藝裡，「數」這個科目的其中一小部分——還不是當時「數」這門課的全部內容！你覺得現在的教育到底是退化還是進步？

在夏商周的時候，小學（鄉學）都在學六藝，因為當時《孝經》、《論語》或《爾雅》這三本教科書還沒面世，所以小學就只教孩子六藝。而現在，六藝全都沒有了，只剩自然科學與數學這兩門課，更別提人倫之道、道德標準、如何做事明辨是非的學習內涵。這就是受西方影響，一味複製西方的教育體制，拋棄老祖宗優良傳統的結果！

西方的大學，學習內容不涉及政治、品德和人倫關係。西方的大學教禮樂嗎？不，它的樂就只是單純的音樂，並不是中國先聖教給孩子的那套東西。至於禮，根本就沒有。西方都是用律法來限制、規範人的行為。反觀中國古人會認為：聖王統治國家並不太需要立法，只要透過禮樂來教化眾生，人民自然就會遵守規範、不犯法。東西方的境界是不一樣的！

但是，現在的教育都已丟掉古代的優良傳統了。現在哪有射和禦？你說，小學生、國中生的體育課就只是表面的形式，哪裡有軍事化訓練？中國

古人從夏商周開始，讓7歲以上的小男生接受軍事化訓練，現在有嗎？如果勉強算是有，也只是暑假玩個幾天，上大學之前有半個月或一個月的軍事化訓練。

現在學校有教學生關於行政技巧、成功之道、統禦之道嗎？現在連大學都教不來這些內容，因為連大學教授自己都不懂。只能得靠學生自己畢業後到社會摸爬滾打，自行讀書鑽研並結合親身經驗，才能總結一些心得。體制內的學校，是不教這些內容的。

對照古代的小學（鄉學）教授的內容，真讓人感嘆：現在的小學教育缺失太多了！

漢唐的高等教育特色與當代大學教育的缺失

由政府主導的教育體系，是中華民族幾千年來英才輩出很重要的前提。從夏商周開始，在漢唐達到繁榮昌盛的頂峰，武功聞名，雄霸天下，都有賴這套教育體系培養的大量精英。他們當中有很多人年紀輕輕就能建功立業、創造歷史！

漢唐的高等教育特色①：六經是六藝的延伸與深化。

你看漢唐教育體制之下，7到15歲的「小學」階段學些什麼？孩子先學習灑掃、應對、進退，這些都是基本的社會禮儀。然後學《爾雅》識字，之後馬上學《孝經》與《論語》，同時修習六藝。

7到15歲這八年是學習的黃金時期，古人在這個階段全方位地培養一代。因此，這些學生到了15歲畢業時就擁有足夠的技能進社會工作，有些人則進大學再繼續學習。漢唐的「小學」可能是公立學校也可能是私學，但「大學」就必定是官學了。大學的課程有哪些？周初，大學只有詩書禮樂這四門課，到了春秋時期，孔子又增加易和春秋這兩門課，變成六經。六經就是大學的學問。其實，學習六經能強化六藝（禮樂射禦書數）的知識，六經是六藝的延伸。所以，我們又把六經稱為大六藝，把禮樂射禦書數叫小六藝。

有一部分人在15歲小學畢業就步入社會工作了，有一部分人要當官，為了能夠更好地建功立業，就得上大學去學六經，加深這方面知識。

在漢代，由於秦始皇焚書坑儒，當時樂經已

失傳，只剩下詩書禮易春秋這五經。漢代的時候為讓大家明白五經的內容，漢武帝建立專門的研究機構、設置五經博士。博士這個稱謂就源於此。五經博士專門研究、注解五經，然後將研究成果交由大學來傳授。

漢唐的高等教育特色②：六經都是為了入仕、為官所做的鋪墊。

當時能進入大學讀書的學生都是佼佼者，裡面有貴族也有平民。他們在15歲之前就已打下相關基礎，進大學之，就透過五經再深化這些知識。

《詩經》這本詩歌總集闡述了先秦兩漢的天人意識，是溝通天人、溝通神明之道。

《尚書》是上古聖王的經典語錄，包括執政時的分析和決策，其中有許多案例是經典。

《周禮》探討禮儀規範，從祭祀禮儀，到人與人之間的禮節，是古人祭天、敬人各項行為準則的參考。

《易經》是關於天文、曆法、占卜、陰陽五行等的學問（數術），是數術的最高境界。

《春秋》這本史書紀載了春秋時期的執政案

例與施政典範。研讀《春秋》，可以明白國君的決策會起到什麼作用、微小言行能發揮怎樣的影響力⋯⋯。《春秋》是一本教你如何從政的專書。

詩書禮易春秋，這五經基本上都是為以後進社會、踏上仕途的鋪墊：如何為民眾提供更好的服務？身為統治階級時該如何做出正確的分析、判斷、推理與決策？古人在大學裡就是學這些。學好之後也18歲了，可以出去建功立業。

現今中國教育摒棄人文素養，造成人心貧乏

看看現今教育體制下的18歲青少年能懂些什麼？能做些什麼？這年紀的孩子就懂一些數理化，都是自然科學裡面其中一小部分領域裏頭最基礎的知識。至於人倫道德、做事的方法手段，什麼都沒學！更不了解人心人性，也欠缺人文素養。所以，現在有很多學生畢業以後，只會做事、不會做人；甚至，連事也不太會做，在社會上處處碰壁。等到40歲左右開始反省，為時已晚了。

這不是因為現在的人比較不聰明，而是現在的教育制度出了問題。你看看，我們從7歲到18歲都學了些什麼？學的東西太少、太片面！沒有格局、沒有品德，甚至連基本的體能鍛煉都沒有。就盯在

教科書上面那幾道數學題、物理公式、化學公式，大好時光就全都浪費在這上頭。

　　中國的教育體制尤其讓人擔憂這點：在人類學習能力最佳的黃金年齡，讓學生把所有注意力都集中在偏狹的知識範圍。孩子從7歲開始學什麼？學生知道怎麼做人嗎？知道遵守哪些道德標準嗎？知道怎麼做事才能成功嗎？知道何為人心、人性與人情嗎？知道天道與現實中的規律嗎？。上不知天、下不知地，中又不通人情。就昧學習那點知識，以為學好數理化就能走遍天下。有了一點智商卻沒培養情商。既不通成功之道，又不懂管理訣竅，又沒有行政能力，光知道那點知識，又能怎樣？如此侷限的教育，怎麼有可能培育出精英？只是白白浪費大量學子的美好青春！

　　為何現今中國出不了能人與聖賢？我們去看看現在教育體制是什麼樣。古人講究人文、人哲、人倫這些屬於形而上的哲學，因為它們是現實中一切的指導。一個人，如果沒有形而上的涵養，學得再多技能、記再多知識也沒用。因為，沒有正確方向就會把人帶向滅亡。西方的科技不就是這樣？天天強調科學，強調物質享受，結果物質欲望愈來愈強大，心靈愈來愈失落。物質欲望和精神心靈的分

裂，就是現今社會的最大問題。

中華自古以來就有一整套很完善的育人之道、教化精英之道，結果自己摒棄了，只知一味向西方學習。

現在，所有人都在追求物質享樂，沒有精神寄託與心靈昇華。社會一片物欲橫流、道德敗壞，人心散亂。到底出了什麼問題？就是在教育上出了問題。我們已經不知道怎麼去教化下一代了。更不曉得在哪個階段該教化孩子什麼、讓他學些什麼。在漢代的時候，教育就是全方位的，既顧及自然科學的知識，又有人倫、人哲、人文方面的素養，也就是說，既有形而上又有形而下的訓練，有文治也有武功，是非常全面、均衡的教育。

為何現在的中國教育不如西方？

中華的教育從宋以後開始沒落。夏商周漢唐，六藝是必修之道。宋代不學六藝了，學生只專攻考試用的四書五經，天天啃書，還必須得是朱熹理學的那一套。以前六藝的「書」，學生除了學寫字、撰寫各種行政文書，還能學到辦公技能；到後來變成只有考試的八股文，宋代顛覆了自古以來的整套精英教育體系，本質都沒有了。中華教育一直沒落

至今。現在更是連經典、人倫之道都沒有了。

國外學生在學校學習的知識面比我們廣一點，他們的學生還能按照自己興趣去鑽研不同知識。現在西方的學校從小學到大學，都提供了自由的學術環境、鼓勵創新創造的氛圍。但反觀中國，體制內的學校連這個空間都不給，全都規定好了：數學題只有一個標準答案與標準解法，物理公式、化學公式絕不可以有任何不同。這就是中國教育的悲哀。

西方教育對自然科學的領悟和解讀、研究、應用，確實厲害，為什麼？因為中華自宋代以來有1000年了，教育受到政治約束，變得愈來愈僵化，

西方的大學教育始於文藝復興，因為學術自由而日益繁盛

從宏觀角度來看，西方教育的真正優勢就是西式的大學，他們也將重心放在這裡。

中世紀歐洲自從文藝復興之後，修道院設置的學校逐漸發展成大學，它有個特徵就是：大學的教育趨向獨立，它的學術研究是趨向獨立。也就是說，教育脫離了政治。統治階級很少干擾大學教育，甚至完全不干預。這項傳統一直延續至今，政府只是支持大學卻不會限制它的研究方向。學術發展需要自由的空間，這是西方的大學教育能一直發展到現在，並成為西式教育體系裡面最重要一環的原因。

離現實愈來愈遠，離自然愈來愈遠，離力量愈來愈遠，所以我們一路衰敗。反觀西方，一直擁有自由的學術風氣，人民自行研發、自主研究，政府則配合、支持。但，西方的教育僅限於自然科學的領域，他們在人倫之道、社會性、政治結構以及社會秩序方面的建樹就不如古代中國。你說，西方的民主制就是好，三權鼎立，公平、平等、博愛……。

西方這套社會結構及政治秩序並沒有經過多少年驗證，不能說它一定就好，但是它會出現多大的副作用？能維持多少年？不知道。但是，中華這一整套教育體制，在三、四千年前就已成型，而且，從夏商周以來經歷了漫長歲月的驗證。結果，現在什麼都向西方學！就沒有育兒專家想去研究夏商周、漢唐鼎盛時期是如何培養精英、培養孩子的嗎？沒有人去研究，只是一味否定、謾罵。如果先祖先聖的東西都是負面、不好的，為何會出現周代

父母教養便利貼：

現在的小學到國中教育特別需要注意這點！7到15歲是人生培育道德、學習自然學科知識的學習黃金時期。

的長治久安、有漢唐的盛世？漢代與大唐不僅文治第一，武功也是天下第一，這些人才是怎麼來的？就是當時的教育體系教化而來的。所以，不要認為老祖宗留下來的東西都不好，我們要擇善固執、從善如流。

筆記 notes

筆記 notes

范明公精英教養學（四）
——從3歲至18歲青少年的心理特徵與教育訣竅

作　　　者／范明公
出 版 贊 助／鐘南、龔麗娜
文 字 編 輯／張華承
執 行 編 輯／李寶怡
封面及版型設計／廖又頤
美 術 編 輯／廖又頤
企 畫 選 書 人／賈俊國

總 　 編 　 輯／賈俊國
副 總 編 輯／蘇士尹
編　　　輯／高懿萩
行 銷 企 畫／張莉滎、蕭羽猜、黃欣

發 　 行 　 人／何飛鵬
法 律 顧 問／元禾法律事務所王子文律師
出　　　版／布克文化出版事業部
　　　　　　台北市中山區民生東路二段 141 號 8 樓
　　　　　　電話：(02)2500-7008　傳真：(02)2502-7676
　　　　　　Email：sbooker.service@cite.com.tw
發　　　行／英屬蓋曼群島商家庭傳媒股份有限公司城邦分公司
　　　　　　台北市中山區民生東路二段 141 號 2 樓
　　　　　　書虫客服服務專線：(02)2500-7718；2500-7719
　　　　　　24 小時傳真專線：(02)2500-1990；2500-1991
　　　　　　劃撥帳號：19863813；戶名：書虫股份有限公司
　　　　　　讀者服務信箱：service@readingclub.com.tw
香 港 發 行 所／城邦(香港)出版集團有限公司
　　　　　　香港灣仔駱克道 193 號東超商業中心 1 樓
　　　　　　電話：+852-2508-6231　　傳真：+852-2578-9337
　　　　　　Email：hkcite@biznetvigator.com
馬 新 發 行 所／城邦(馬新)出版集團 Cité (M) Sdn. Bhd.
　　　　　　41, Jalan Radin Anum, Bandar Baru Sri Petaling,57000 Kuala
　　　　　　Lumpur, Malaysia
　　　　　　電話：+603- 9057-8822　　傳真：+603- 9057-6622
　　　　　　Email：cite@cite.com.my
印　　　刷／韋懋實業有限公司
初　　　版／2021 年 5 月
定　　　價／新台幣 300 元
I S B N ／ 978-986-5568-73-3
E I S B N ／ 978-986-5568-74-0(EPUB)

城邦讀書花園　布克文化
www.cite.com.tw　WWW.SBOOKER.COM.TW